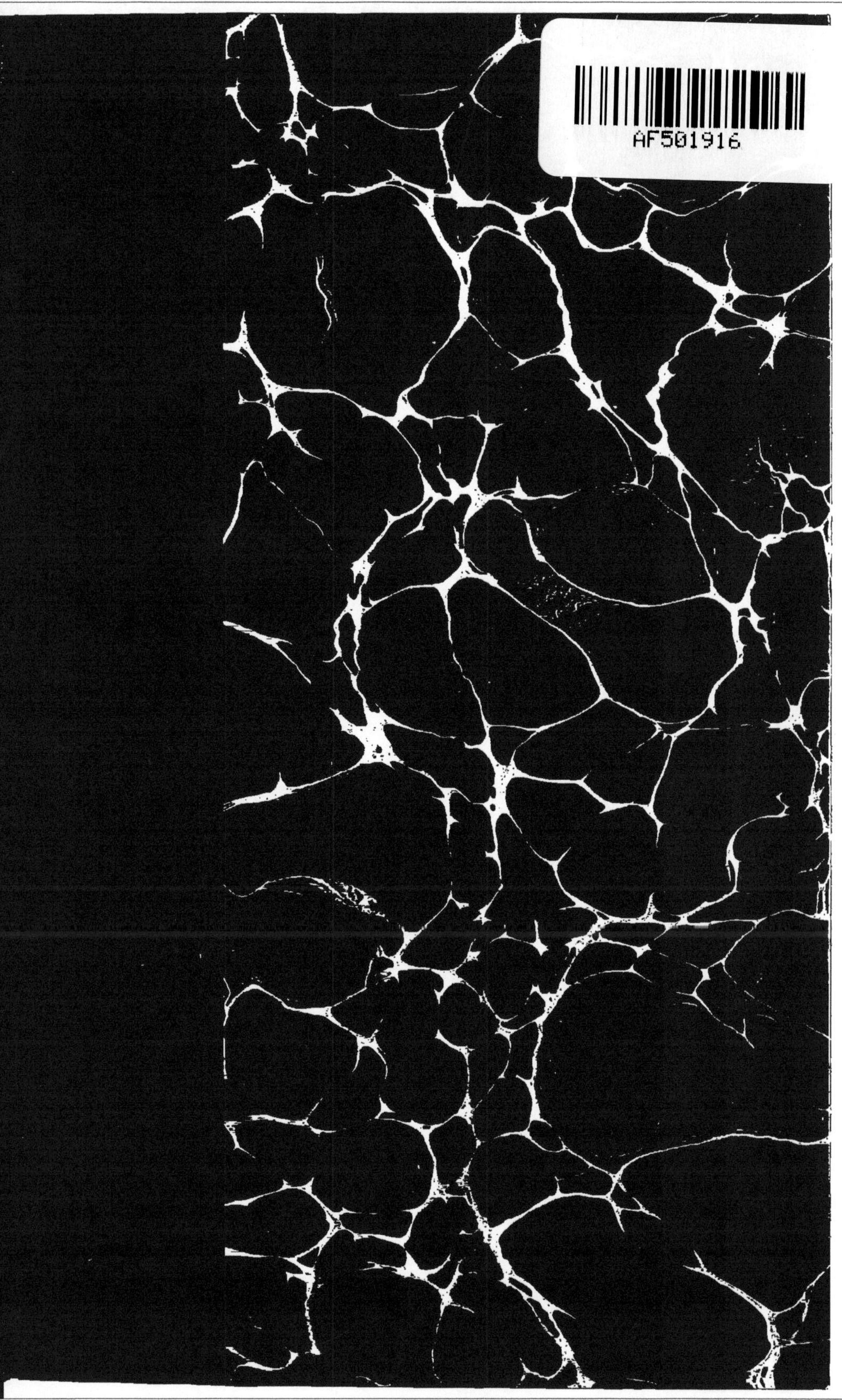

LAURENCHET 1977

HISTOIRE ANCIENNE,

OU

PREMIÈRE PARTIE

DE

L'HISTOIRE *DES* HOMMES.

HISTOIRE DES HOMMES,

OU

HISTOIRE NOUVELLE DE TOUS LES PEUPLES DU MONDE,

PARTIE DE L'HISTOIRE ANCIENNE.

TOME XX.

A PARIS,

M. DCC. LXXXIII.

Avec Approbation, & Privilége du Roi.

HISTOIRE DE LA GRÈCE.

D'ARCHIMÈDE, ET DE SES DÉCOUVERTES EN MÉCHANIQUE (a).

SYRACUSE libre, avait lutté, avec avantage, contre Athènes : protégée par le génie de l'ancien Denys, elle avait

(a) *Plutarch.* in Marcel.; *Athen.* Deipnosoph. lib. 5; *Hist. des Mathémat.* de Montucla.

vu ſe briſer, contr'elle, les forces de Carthage. Mais, que pouvait-elle contre Rome conquérante, au moment où, déchirée par des diſſentions civiles, ne ſachant ni obéir à des Rois, ni ſe gouverner elle-même, elle uſait le peu de reſſort qui lui reſtait pour ſe détruire? Heureuſement quand tout concourait à précipiter ſa perte, un ſimple citoyen vint la retarder, & entourer, de quelques rayons de gloire, la décadence de ſa patrie. Ce citoyen n'avait ni la puiſſance d'un Denys, ni la bravoure guerrière d'un Timoléon: il était homme de génie, & voilà tout. On voit aſſez que je veux parler d'Archimède.

Archimède était de la famille royale de Gélon: auſſi, quand Cicéron l'a appellé un homme obſcur, un homme de néant (*a*), il ſemble, malgré toute ſa

(a) *Humilem homuncionem à pulvere & radio excitabo*. Voy. *Tuſcul.* lib. 5.

philoſophie, avoir adopté l'orgueil Romain; langue, ſuivant laquelle on n'était rien, quand on n'était pas né ſur les bords du Tibre.

On ne ſait rien de la jeuneſſe d'Archimède; car il ne fut, de très-bonne heure, qu'un grand Géomètre, & l'Hiſtoire, qui s'étend, avec complaiſance, ſur les révolutions bruyantes, qui s'opèrent autour des trônes, dédaigne de s'occuper des loiſirs pacifiques du Philoſophe. Le ſecond Hyéron, qui aimait les arts, tira Archimède de ſon cabinet, & l'engagea à rendre utiles à la patrie ſes ſpéculations ſublimes. Alors, tirant de ſon berceau l'art des Eudoxe & des Architas, il créa, pour ainſi dire, la Méchanique.

Les premiers eſſais d'Archimède furent des triomphes, & il en parla avec un enthouſiaſme, qui dut paraître bien abſurde, dans une Cour, où l'art par excellence était celui d'égorger les hommes en bataille rangée. Un jour qu'il expliquait, à Hyéron, les merveilles des forces mouvantes, il lui dit, que s'il pouvait trouver un point d'appui dans une autre planète, il n'aurait besoin que d'un simple levier, pour imprimer le mouvement qu'il voudrait, au globe que nous habitons. Cette proposition fut reçue, par une Cour ignorante, avec le sourire du dédain; pour le Roi, qui avait le bon esprit de ne point dédaigner ce qu'il ne connaissait pas, il pria Archimède de mettre cette vérité mathématique à sa portée, en remuant, avec la plus petite force connue, le plus énorme des fardeaux.

Le Géomètre, ravi de punir le dédain superbe de ses détracteurs, choisit une des plus fortes galères qui se trouvaient dans le port de Syracuse, double sa charge ordinaire, adapte, à sa proue, une machine qu'il avait imaginée; ensuite, assis tranquillement, à une grande distance du rivage, il amène la galère à ses pieds, par terre, avec la même légéreté, que si des rameurs, dans un tems calme, lui avaient fait fendre la surface des mers.

Archimède, quelque tems après, prêta, par son génie, un nouveau sujet de surprise à la Cour de Syracuse, en donnant la solution du fameux problême de la couronne.

Hyéron avait donné de l'or, en lingot, à un Artiste Grec, pour lui faire une couronne de ce métal. Cet or était au titre qu'il fallait, pour que l'ouvrage eût une certaine solidité, & il avait été défendu à l'Artiste d'en augmenter l'amalgame. Cependant, celui-ci vola une partie du métal précieux, &, en rendant une couronne du poids de l'or en lingot, il s'imagina que son larcin ne serait jamais découvert. La couronne fut éprouvée avec la pierre de touche, & le nouvel amalgame reconnu. Hyéron, voulant convaincre le coupable, & ne point gâter son ouvrage, qui était d'un travail exquis, pria Archimède de déterminer, par des calculs mathématiques, la quantité d'alliage, sans mettre une partie de la couronne dans le creuset. Le Géomètre s'occupa long-tems, en vain, du problême, parce qu'il n'avait point de données pour le résoudre.

Un jour qu'il entrait dans un bain public, il observa qu'à mesure que son corps pénétrait dans l'eau, le fluide s'élevait par-dessus ses bords, il en conclut que tout corps, plongé dans un fluide, en déplace un volume égal à son poids, & ce trait de lumière le conduisit à la solution du problême de la couronne. Transporté de sa découverte, il s'élance de son bain à demi-nud, & traverse les rues de Syracuse, en criant, *je l'ai trouvé*. Cette découverte, à cause du ridicule qui résulta de la distraction, fut celle que l'envie pardonna le plus aisément à Archimède.

Le problême de la couronne fit germer, dans la tête du Philosophe, une foule d'autres idées heureuses sur cette science du mouvement des fluides, qu'on appelle l'hydraulique. Une des plus célèbres de ce genre, que l'Antiquité lui attribue, est celle de la vis inclinée;

l'Egypte, inondée, périodiquement, par les débordemens du Nil, avait cherché, depuis un grand nombre de ſiècles, un moyen ſimple d'accélérer l'écoulement des eaux, vers le tems de leur retraite. Le Géomètre de Syracuſe imagina, pour les cultivateurs des plaines arroſées par ce fleuve, un cylindre auquel on adaptait ſoit dedans, ſoit dehors, un tuyau, travaillé en forme de vis, & qui puiſait l'eau en l'élevant, à meſure qu'on tournait le cylindre: cette machine ingénieuſe eſt connue ſous le nom de vis d'Archimède.

Outre la vis inclinée, Archimède trouva la vis ſans fin, eſpèce de vis qui engraine dans une roue dentée, & qui ſert à prolonger le mouvement pendant un long intervalle, en ſurmontant les plus grandes réſiſtances.

Voilà à-peu-près à quoi ſe réduiſent, pour la théorie, les connaiſſances qui nous reſtent ſur les quarante machines, dont Pappus fait honneur de la découverte au génie d'Archimède.

La fameuse galère, dont Athénée s'est fait l'Historien, est plus connue par ses effets, que par le méchanisme de sa construction. Archimède, dit le Sophiste, employa une année entière à la faire construire ; elle était à vingt rangs de rames, & avait moins l'air d'un logement de matelots, que d'un palais digne d'être habité par les Rois de Syracuse.

On avait construit ce navire à trois étages, l'intermédiaire était le plus distingué : on y comptait trente appartemens assez vastes pour contenir chacun quatre lits. Le pavé, de mosaïque, représentait tous les tableaux de l'Iliade.

Sur le tillac, se trouvait un gymnase, qui communiquait à des jardins décorés en berceaux.

Archimède, comme on s'en doute bien, n'avait pas oublié de placer, dans cet édifice flottant, une bibliothèque ; mais ce qui a droit à notre surprise, c'est le luxe Oriental avec lequel l'homme le plus simple & le plus modeste s'y était plu à décorer ce qu'il appellait le pavillon de Vénus : le toît & les lambris en étaient de bois de cyprès, les peintures les plus recherchées embellissaient les embrasures des fenêtres, & le pavé était formé d'agathes & de pierres précieuses : si l'imagination d'Athénée n'a pas fait une partie des frais de son récit, le vaisseau d'Archimède semblerait moins propre à donner une idée du goût d'Hyéron pour les arts, qu'à consacrer les jouissances des Cléopâtre & des Sardanapale.

Le Géomètre de Syracuse, outre la décoration intérieure de sa galère, avait songé à sa défense ; elle était fortifiée de huit tours, surmontées chacune d'un parapet, d'où l'on pouvait décocher des traits contre l'ennemi. Les trois mâts, placés sur le tillac, soutenaient autant de catapultes : il y en avait une, sur-tout, dont le Philosophe avait donné l'idée, & qui lançait des flèches de dix-huit pieds & des pierres de trois quintaux, à la distance d'un stade : cet appareil formidable de défenſe était couronné par un rempart de fer, deſtiné à empêcher l'abordage.

Quand la galère d'Archimède fut achevée, il ſe trouva qu'aucun port de la Sicile ne pouvait la contenir ; alors Hyéron, profitant d'une diſette dont l'Egypte était affligée, ordonna qu'on la chargeât de vivres, & en fit préſent à Ptolémée Philadelphe.

DU MIROIR ARDENT D'ARCHIMÈDE (a).

ARCHIMÈDE ne se borna pas à étonner, par son génie, ses contemporains; il voulut encore servir sa patrie, quand il ne serait plus, en inventant, pour elle, des machines de guerre, propres à la préserver des périls d'un siége : il ne prévoyait pas, sous le règne pacifique d'Hyéron, qu'il serait le premier qui dirigerait ces machines meurtrières, & que leur effet terrible n'empêcherait pas le désastre de Syracuse.

Parmi les machines que cet homme de génie imagina, pour retarder la prise

(a) *Galien.* lib. 3; *Zonar.* Hist. Rom.; *Tzetz.* Chiliad. lib. 35; *Hist. Natur.* de M. de Buffon, Supplém. tome 2.

de la métropole de la Sicile, la plus étonnante, peut être, est celle du miroir ardent, avec lequel il concentra les feux du Soleil, pour brûler, à une distance immense, la flotte de Marcellus. La difficulté d'expliquer le méchanisme d'un pareil miroir, engagea Descartes, & la plûpart des Physiciens qui le suivirent, à mettre les feux, qu'avec son secours lançait Archimède, avec ceux que le Jupiter d'Homère lança, dans la même Sicile, contre Briarée & Encelade.

Le sage Rollin, qui ne se piquait pas d'être plus Physicien que Descartes, son maître, s'exprime ainsi sur la fameuse découverte du Géomètre de Syracuse (a). » On parle d'un miroir ardent, par le » moyen duquel Archimède brûla une » partie de la flotte Romaine. L'invention » serait rare. Nul Auteur ancien n'en » parle ; c'est une tradition moderne,

---

(a) *Hist. ancienne*, tome X, pag 79.

» qui n'a nul fondement ; les miroirs » ardens étaient connus de l'Antiquité, » mais non de cette ſorte qui paraît » même impraticable «.

Les Compilateurs de la prétendue Hiſtoire Univerſelle Anglaiſe, qui ont tant copié Rollin, au lieu de le redreſſer, n'ont pas manqué de traiter de fable, à ſon exemple, l'étonnante découverte d'Archimède : ils ont écrit que l'invention du miroir ardent ne remontait pas plus haut que l'an 500 de l'Ere vulgaire, époque où Proclus brûla, avec des machines de ce genre, la flotte de Vitalien, qui aſſiégeait Conſtantinople (*a*).

Cette anecdote, ſur Proclus, ne nous a été tranſmiſe que par Zonare : or, cet Hiſtorien du douzième ſiècle dit poſitivement que Proclus ne fit que renouveller la découverte d'Archimède ; le

(*a*) *Hiſt. Univerſ.* édit. in-8°. tome XI. pag. 468.

texte mérite d'être tranſcrit, ici ſoit pour donner une idée de la manière dont les Auteurs de la Compilation Anglaiſe liſaient les originaux, ſoit pour nous mettre à portée d'apprécier le génie d'Archimède.

» La flotte des Barbares, dit l'Ecrivain » de l'Empire Grec, fut embraſée par » l'adreſſe de Proclus : ce Géomètre con» naiſſait toutes les machines d'Archimède. » Placé ſur les remparts de Conſtantino» ple, il reçut les rayons du ſoleil ſur des » miroirs d'airain, &, à l'aide de ces » rayons raſſemblés & réfléchis, il em» braſa l'air. Tous les vaiſſeaux, qui » mouillaient dans la ſphère de leur ac» tivité, furent à l'inſtant mis en cendre. » C'eſt ainſi que les miroirs ardens d'Ar» chimède brûlèrent autrefois les vaiſ» ſeaux de Marcellus, qui faiſaient le » ſiége de Syracuſe (*a*) «.

On peut encore pardonner, aux Ré-

(*a*) *Zonar.* Hiſtor. Rom. Sub. Anaſtaſ.

dacteurs de la Compilation Anglaise, de n'avoir pas lu les ouvrages qu'ils citaient. Mais ; comment se sont-ils obstinés à refuser de rendre justice au grand Géomètre de la Sicile, puisque, dès 1747 (a), le Monde savant retentissait du Mémoire de M. de Buffon sur la découverte du miroir ardent d'Archimède ?

L'ingénieux Auteur de l'Histoire Naturelle, qui n'avait pu tenter des expériences sur le miroir de Syracuse, sans avoir lu auparavant ce que les Anciens en avaient dit, fut conduit, comme par la main, à sa découverte, soit par le texte de Zonare, soit par celui de Tzetzès ; ce dernier, non content de parler des effets du miroir d'Archimède, en explique ainsi la construction.

» Lorsque les vaisseaux Romains, dit-

(a) C'est à cette époque que le Mémoire de M. de Buffon fut imprimé dans le Recueil de l'Académie des Sciences de Paris. L'*Histoire de la Grèce*, dans la Compilation Anglaise, est très-postérieure à la publication de ce Mémoire.

» il, furent à la portée du trait, Archi» mède fit faire une espèce de miroir » hexagone, & d'autres plus petits, de » vingt-quatre angles chacun, qu'il plaça » à une distance proportionnée, & qu'on » pouvait mouvoir soit à l'aide de leurs » charnières, soit à l'aide de certaines » lames de métal : il plaça le miroir hexa» gone de façon qu'il était coupé, par le » milieu, par le méridien d'hiver & d'été, » ensorte que les rayons du soleil, reçus » sur ce miroir, venant à se briser, allu» mèrent un grand feu, qui réduisit en » cendres les vaisseaux Romains, quoi» qu'éloignés à la portée du trait (a) «.

Le Jésuite Kircher, & l'Académicien Dufay, en commentant ces deux textes du douzième siècle, se virent sur la route du miroir d'Archimède.

» En effet, dit M. de Buffon, le passage

(a) *Tzetz.* Chiliad. lib. 35; je me sers de la traduction même de M. de Buffon.

» sur-tout,

» fur-tout, du dernier Ecrivain, paraît » affez clair. Il fixe la diftance à laquelle » Archimède a brûlé. La portée du trait » ne peut guères être que de 150 ou 200 » pieds. Il donne l'idée de la conftruc- » tion, & fait voir que le miroir d'Ar- » chimède pouvait être compofé, comme » le mien, de plufieurs petits miroirs, qui » fe mouvaient par des mouvemens de » charnières & de refforts; enfin, il in- » dique la pofition du miroir, en difant » que l'hexagone, autour duquel étaient » les autres, était coupé par le méridien ; » ce qui veut dire apparemment que le » miroir doit être oppofé directement au » foleil ; d'ailleurs, le miroir hexagone » était probablement celui dont l'image » fervait de mire pour ajufter les autres, » & cette figure n'eft pas tout-à-fait in- » différente, non plus que celle de vingt- » quatre angles, ou vingt-quatre côtés » des petits miroirs. Il eft aifé de fentir qu'il » y a, en effet, de l'avantage à donner à » ces miroirs une figure polygone d'un

» grand nombre de côtés égaux, afin que » la quantité de lumière ſoit moins iné- » galement répartie dans l'image réflé- » chie «.

Le vengeur d'Archimède avait, depuis long-tems, obſervé que le meilleur des miroirs, par réflexion, ne brûlait tout au plus qu'à vingt pieds de diſtance. Ses connaiſſances, dans la phyſique des anciens, lui avaient appris auſſi que le Géomètre de Syracuſe n'avait pu opérer la deſtruction de la flotte Romaine, qu'à l'aide des miroirs-plans; car, comment imaginer qu'à cette époque les Grecs euſſent pu exécuter des miroirs concaves d'un auſſi énorme foyer que l'aurait exigé l'incendie d'une flotte, mouillée au moins à cent cinquante pieds des remparts; eux qui ne ſavaient ni faire de grandes maſſes de verre, ni les couler pour en fabriquer des glaces? C'était donc avec une certaine quantité de miroirs-plans, formés du métal le plus poli, qu'Archimède embraſa les vaiſſeaux qui bloquaient les murs de ſa patrie. D'après ces réflexions, dont la ſimplicité n'exclud pas le mérite, l'ingénieux Phyſicien conçut l'idée d'une machine, pour faire coincider, au même point, les images du ſoleil, réfléchies par un grand nombre de glaces planes. Elle fut exécutée d'après ſes vues, & conſiſtait dans un aſſemblage de 168 glaces étamées, de 6 à 8 pouces chacune, éloignées les unes des autres d'environ quatre lignes; de manière qu'elles puſſent ſe mouvoir en tous ſens, & indépendamment de leurs voiſines, & que les quatre lignes d'intervalle ſerviſſent non-ſeulement à la liberté du mouvement, mais encore à laiſſer voir, à celui qui opère, l'endroit où il faut conduire ſes images. Au moyen de cette conſtruction, il était évident qu'on pouvait faire tomber, ſur le même point, les 168 images, & par conſéquent brûler à pluſieurs diſtances, comme trente, quatre-vingt, cent, deux cents pieds, & à toutes les diſtances intermédiaires. L'expérience fut faite, en 1747, au Jardin du Roi, en dirigeant le foyer de 128 de ces glaces à la diſtance de cent cinquante pieds, le feu prit à l'inſtant à une planche de ſapin goudronnée, & l'incendie gagna à-la-fois toute l'étendue du foyer, quoiqu'il eût ſeize pouces de diamètre.

C'eſt ainſi que le Pline de la Nation joignit, à des raiſonnemens pleins de force, l'éloquence des faits, plus perſuaſive encore, pour venger, contre des détracteurs ignorans ou jaloux, la gloire d'Archimède.

J'ai été entraîné quelquefois par cet enthouſiaſme pour la vérité, qui fera peut-être un jour le caractère diſtinctif de l'Hiſtoire des Hommes, à me jouer (quoique toujours avec décence) des ornemens fantaſtiques que M. de Buffon a ajoutés au grand édifice de la Nature; forcé de deſcendre dans l'arène, je combattais alors avec répugnance : je me retrouve aujourd'hui dans mon élément, quand l'occaſion ſe préſente de louer cet Ecrivain juſtement célèbre. La franchiſe avec laquelle j'ai refusé d'allier ses Rêveries sur la formation des Mondes, avec mon Histoire du Globe, ajoutera même encore un nouveau poids à l'éloge de ses chef-d'œuvres, à l'admiration que fait naître son magnifique Traité de l'Homme, & sa Découverte du Miroir d'Archimède.

SIÉGE MÉMORABLE DE SYRACUSE (a).

MARCELLUS, qui s'était déja essayé dans la carrière de la gloire, en vainquant Annibal, n'avait pas eu besoin d'épouser le ressentiment de ses Ambassadeurs, pour se déterminer à ajouter à ses exploits la prise de Syracuse ; il s'annonça par le plan d'attaque le plus formidable ; car il assiégea la place par terre du côté de l'Hexapyle, & par mer en face de l'Achradine. Les troupes de terre étaient sous les ordres d'Appius, & lui-même diri-

(a) *Tit.-Liv.* lib. 24 ; *Polyb.* lib. 8, cap. 3 ; *Plutarch.* in Marcell.

geait les manœuvres de la flotte Romaine, composée de soixante galères, à cinq rangs de rames, montée par des hommes de traits, destinés à écarter les assiégés, tandis que le bélier battait les murailles.

Syracuse était dans l'abattement de la terreur; mais bientôt Archimède vivifia tout par son génie. Ce grand homme avait placé, sur les remparts, des machines avec lesquelles il décocha, contre les troupes de terre, des pierres d'un poids énorme, qui, lancées avec la rapidité de l'éclair, portaient la mort partout où elles pouvaient atteindre, renversaient des rangs entiers, & présentaient, aux pieds des murs, l'image d'une défaite.

Les Romains, dont le desir de la vengeance redoublait encore la bravoure, foulant aux pieds les corps palpitans de leurs compagnons, montèrent à l'assaut; mais Archimède, qui voulait sauver sa patrie, en ménageant le sang de ses défenseurs, avait fait pratiquer, dans le mur, des ouvertures d'une coudée, par lesquelles les assiégés lançaient leurs flèches sans danger, renversaient les béliers, & brisaient les échelles.

Marcellus ne fut pas plus heureux du côté de la mer. Les catapultes d'Archimède, placées derrière les remparts de l'Achradine, faisaient tomber, sur les galères Romaines, des poutres, chargées d'un poids énorme, qui les fracassaient; quelquefois on voyait partir, de la ville, une main de fer, attachée à une longue chaîne, qui, saisissant un navire par la proue, l'élevait en l'air par le moyen d'un contre-poids, ensuite le laissait retomber sur la pouppe, & le submergeait; dans d'autres momens, les machines terribles, ramenant le vaisseau vers la terre, avec des crocs & des cordages, après l'avoir fait long-tems pirouetter, le fracassaient contre les pointes des rochers qui bordaient le rivage. » A chaque instant, » dit Plutarque, que je ne fais ici que » transcrire, on voyait des galères, en- » levées dans les airs, tournoyer avec ra-

» pidité; en même-tems, les hommes » qui les montaient, dispersés par la vio- » lence du mouvement, étaient jettés au » loin, comme la pierre avec la fronde; » ce qui durait jusqu'à ce que les galères » elles-mêmes allassent se briser contre » les remparts, ou que, se détachant du » croc qui les tenaient suspendues, elles » s'abîmassent dans la mer avec le reste » de leur équipage «.

Marcellus, à la vue de ce spectacle terrible, fit éloigner ses navires à environ deux cents pieds des remparts, mais il ne put les dérober à la main invisible qui les poursuivait sans cesse. Le Soleil, en ce moment, était au milieu de sa carrière. Archimède, comme nous l'avons déja dit, reçut ses feux sur un miroir hexagone, de métal, entouré d'une multitude d'autres qui coincidaient au même point, & par ce moyen embrasa, au milieu des eaux, les galères qui se trouvaient à leur foyer. Les Romains, meilleurs soldats que physiciens, prirent alors le Géomètre de Syracuſe pour un demi-dieu qui diſpoſait de la foudre.

Il ne reſtait plus, à Marcellus, d'autres reſſources que celle de ſes ſambuques : on appellait ainſi une machine de guerre qui reſſemblait, pour la ſtructure, à l'inſtrument de muſique de ce nom. Elle était portée ſur deux galères réunies enſemble, & qui n'avaient de rames que du côté où elles pouvaient manœuvrer. Cette ſambuque était une échelle de la largeur de quatre pieds, autour de laquelle régnait une baluſtrade continue, & qui, élevée à ſa hauteur, atteignait aux créneaux des remparts qu'on voulait eſcalader ; on ménageait, à ſon extrémité, une plate-forme, bordée, de trois côtés, de claies, d'où quatre ſoldats, armés de toutes pièces, repouſſaient l'ennemi qui, du haut des murs, empêchait qu'on n'appliquât la machine. Tant que la double galère voguait dans la haute mer, la ſambuque était renverſée ; mais du moment qu'elle approchait des remparts, on mettait en jeu les cordes des mâts, & tandis qu'une partie des matelots l'élevait, du haut de la pouppe, par le moyen des poulies, les autres, du côté de la proue, concouraient au même ouvrage, à l'aide des leviers; c'eſt à Polybe que nous devons la deſcription de cette machine ingénieuſe, avec laquelle Marcellus voulut contrebalancer l'effet de celles d'Archimède.

Le génie du Héros de Rome échoua, comme on s'en doute bien, contre celui du Géomètre de Syracuſe. La ſambuque était encore loin des murailles, quand Archimède fit partir, contr'elle, à divers intervalles, trois rochers, chacun du poids de douze cents livres, qui brisèrent les appuis des deux galères, & les déſunirent.

Le lendemain, les Romains tinrent un conſeil de guerre. Il y fut décidé que la flotte reſterait en haute mer, & qu'on ſe contenterait de faire approcher l'infanterie des murailles; on eſpérait par-là rendre inutiles les machines qui, par la nature de leur conſtruction, ne pouvaient avoir de jeu qu'à une grande diſtance. Mais Archimède avait prévu à tout. Dès que les aſſiégeans furent au pied du rempart, on dirigea, contr'eux, par les ouvertures qui régnaient du foſſé au parapet, cette eſpèce d'arbalètes, connue des Anciens ſous le nom de ſcorpion; en même-tems des catapultes, de la plus faible portée, faiſaient pleuvoir, ſur leurs têtes, des poutres, des chaînes d'airain, armés de crochets, & des fragmens de rochers; les légions ſe retirèrent; alors les formidables machines de la ville vinrent troubler leur retraite. Cette journée ne fut pas moins déſaſtreuſe que la précédente pour les Romains: ceux-ci étaient d'autant plus furieux, que preſque toutes les batteries d'Archimède ſe trouvant cachées derrière le rempart qui les protégeait, ils périſſaient de toutes parts, ſans pouvoir ſe venger. En butte au génie inviſible qui les pourſuivait, ils ſemblaient moins faire le siége d'une ville, que se battre contre les Dieux.

Toutes ces scènes terribles & variées de carnage, n'ôtèrent cependant rien du sang-froid de Marcellus. Ce Héros, apprivoisé à l'image du sang, plaisantait sur le Géomètre de Syracuse, qu'il appellait un Briarée à cent mains (*a*), & il cherchait, dans son génie, les moyens de jouer, de son côté, le rôle de Jupiter; mais ses soldats découragés, le forcèrent à changer le plan de ses opérations : ils ne voyaient pas tendre, sur les remparts, une seule corde, ni élever la moindre pièce de bois, qu'ils ne prissent la fuite, dans la crainte de l'effet

(*a*) Les plaisanteries de Marcellus n'étaient pas du bon goût du siècle d'Auguste. » Ne cesserons-nous pas, lui fait dire Plutarque, de » combattre ce Briarée de Géomètre, qui, en » se jouant, plonge nos galères dans la mer, » comme des vases à puiser de l'eau, & qui » donne mille soufflets à mes sambuques, &c «.

terrible d'une nouvelle machine d'Archimède. Le Conſul, entraîné à un parti, qu'il croyait peu digne de ſon courage, ſe tint alors renfermé dans ſes lignes, & changea en blocus le ſiége de Syracuſe.

Cependant, comme le génie actif de Marcellus ne s'accommodait pas des opérations lentes d'un blocus, il en abandonna le ſoin à ſon collègue, & emmenant avec lui le tiers des légions, il alla prendre, d'aſſaut, la ville de Mégare, & tailla en pièces huit mille ſoldats d'Hippocrate, deſtinés à ſe joindre à l'armée d'Himilcon : cette victoire n'empêcha pas une flotte de Carthage de ravitailler Syracuſe.

Marcellus, à l'entrée de la troiſième campagne, ne ſe trouva pas plus avancé que le premier jour, où la valeur de ſes légions défia le génie d'Archimède : avant de lever le ſiége, il tenta de ſe rendre maître de la place par quelqu'intelligence ſecrette. Un eſclave, gagné à force d'argent, ménagea, en effet, une intrigue où entrèrent jusqu'à quatre-vingt des principaux citoyens de Syracuse, qui se rendaient dans le camp des Romains, cachés dans des chaloupes, sous des filets de pêcheurs. Le complot était sur le point d'éclater, quand un nommé Attale, blessé de ce qu'on avait refusé de l'admettre, dévoila le secret à Epycide, qui envoya tous les conjurés au supplice.

Les Romains n'étaient pas plus heureux dans le reste de la Sicile; la plûpart des villes, où ils avaient garnison, secouaient le joug, & rentraient sous l'obéissance de Carthage.

Enna, seule, fut conservée par une perfidie heureuse, devenue presque un acte de vertu sous le pinceau adroit de Tite-Live.

Les principaux d'Enna, décidés à se choisir des maîtres à leur gré, avaient demandé, à Pinarius, les clefs de leur citadelle. L'Officier demanda une assemblée générale, pour traiter avec elle au nom de Marcellus, & pendant qu'elle ſe tenait, la garniſon Romaine, armée de poignards, au ſignal de ſon Commandant, fondit ſur la multitude déſarmée, & choiſit ſes victimes. Quand ces abominables aſſaſſins furent las d'égorger, dans la place publique, un peuple ſans défenſe, ils allèrent poignarder les citoyens ſuſpects dans leurs maiſons. *Marcellus*, dit l'Hiſtorien que j'analyſe, *ne ſût pas mauvais gré, à Pinarius, d'un pareil maſſacre ;* mais il rendit le nom Romain plus odieux que jamais en Sicile.

PRISE

PRISE DE SYRACUSE (*a*).

ENFIN, la bonne fortune de Rome prévalut sur le génie d'Archimède. Un Spartiate, envoyé de Syracuse à Philippe, Roi de Macédoine, ayant été pris, au sortir des remparts, Epycide témoigna la plus grande envie de le racheter. Marcellus, qui avait ses vues, ne s'en éloigna pas, & l'on tint des conférences à cet effet au port de Trogyle; comme l'affaire de la rançon ne put pas être terminée dans un seul rendez-vous, un des Commissaires Romains, en considérant le mur avec attention, & en comptant les pierres dont sa surface était composée, reconnut que sa hauteur ne répondait pas à celle dont la

(*a*) *Tit.Liv.* lib. 25; *Plutarch.* in Marcel.

térreur du ſoldat s'était faite une image, & il en fit ſon rapport à Marcellus.

Malheureuſement pour Syracuſe, on célébrait, à cette époque, dans la ville, la fête de Diane, & le peuple, qui ne ſait manifeſter ſa piété envers les Dieux, qu'en perdant ſa raiſon, s'était livré, au ſortir des temples, à tous les excès de l'intempérance; le Général Romain, inſtruit de ce relâchement de la diſcipline, par un transfuge, fit partir, à l'entrée de la nuit, vers le poſte déſigné, mille ſoldats d'élite, qui eſcaladèrent le rempart, ſans répandre de ſang, & s'emparèrent du quartier d'Hexapyle.

Le poſte d'Epipole ſuccédait, mais comme il était protégé par un grand nombre de ſoldats en faction, Marcellus jugea qu'il ne devait plus ſonger à tromper l'ennemi, mais à l'effrayer. Toutes les trompettes, par ſon ordre, ſonnèrent à-la-fois. Alors la garniſon, croyant les Romains maîtres de la ville entière, ne ſongea qu'à ſe dérober, par la fuite, à l'épée des vainqueurs. La plûpart se précipitèrent du haut des remparts, entraînés par leur terreur, qui leur voilait le péril réel, en leur grossissant un péril imaginaire; la multitude, pressée entre les Romains, qui s'avançaient en bon ordre, & la foule des soldats surpris, qui cherchaient un asyle, reflua vers le quartier de l'Achradine.

Cependant, le jour commençait à luire sur Syracuse; Marcellus, à la vue de cette ville, une des plus florissantes du globe, qui avait brisé tant de fois l'orgueil de Carthage & d'Athènes, & qui était sur le point d'être réduite en cendres, ne put s'empêcher de verser des larmes sur sa destinée : il envoya alors des Syracusains dans l'Achradine, pour l'engager de prévenir sa ruine par une capitulation; trait d'humanité qu'on ne devait pas attendre du guerrier dont la politique farouche avait applaudi au massacre d'Enna; mais Syracuse, comme entraînée par le génie du mal, marchait obſtinément à ſa perte ; les portes de la place avaient été confiées aux transfuges, qui, n'ayant point de pardon à eſpérer, ne permirent jamais à aucun négociateur d'approcher des murailles.

Pendant que Marcellus ſe diſpoſait à mettre la dernière main à ſa conquête, les principaux habitans des quartiers dont il était le maître, vinrent le trouver, l'olivier à la main, & en habits de deuil, pour le conjurer de défendre, à ſes ſoldats, le carnage & l'incendie. Le Héros fut ému de leurs larmes, & établit une ſorte d'ordre dans le pillage de cette ville immenſe. Les Romains, au premier ſignal qu'on leur donna, ſe répandirent dans les rues, enfoncèrent les portes des maiſons, & ſe permirent toutes ſortes de brigandages, à l'exception de l'effuſion du ſang humain ; ils enlevèrent, à des citoyens éperdus, toutes les richeſſes qu'une proſpérité de plusieurs ſiècles leur avait permis d'amonceler. Et telle était l'effroyable idée qu'on avait, dans ces tems-là, du droit de conquête, que les Syracusains, privés de tout, sur le point de périr d'indigence & de faim, remercièrent encore leurs tyrans de ce qu'ils respiraient encore.

Pendant le tumulte inséparable d'un tel pillage, la mer fut assaillie d'une tempête, à la faveur de laquelle Bomilcar, l'Amiral de Carthage, sortit du port de Syracuse, à l'insu des Romains, qui le bloquaient, & vint chercher un renfort de cent vaisseaux, qu'il amena au secours des restes infortunés de la patrie d'Archimède.

Tout-à-coup la face des affaires parut changer. Les Romains, d'assiégeans, devinrent assiégés : tandis qu'Hippocrate attaquait leur ancien camp, Epycide sortit de l'Achradine, pour fondre sur les légions aux ordres de Marcellus, & la flotte Carthaginoise se tint près du rivage, pour empêcher la jonction des deux armées ; mais toutes ces savantes manœuvres n'opérèrent point l'effet que la politique pouvait en attendre. Le camp ne put être forcé, Marcellus repoussa Epycide dans l'Achradine, & les Carthaginois, qui montaient la flotte, ne prirent pas plus de part à l'action, que s'ils avaient assisté à un spectacle.

Cependant, tandis que le fléau de la guerre exerçait le plus ses fureurs, un autre, non moins redoutable, vint s'y joindre; c'était la peste. Le tableau qu'en fait Tite-Live, mérite d'être tracé ici, ne fût-ce que pour l'opposer à celui de Lucrèce sur la fameuse épidémie du Péloponèse.

» La contagion, produite par les exha-
» laisons putrides qu'avait développées
» les chaleurs excessives de l'automne,
» attaqua à-la-fois les vaincus & les vain-
» queurs; le fléau s'annonça avec la plus
» grande violence; dès que les premiers
» symptômes de la maladie se déclaraient,
» on marchait d'un pas rapide vers la
» mort : d'abord on prenait soin des ma-
» lades; mais ce devoir de l'humanité

» ne servait qu'à étendre le foyer de la
» contagion, parce que l'homme pieux
» était atteint du mal qu'il voulait gué-
» rir, & périssait à son tour. Au com-
» mencement du désastre, les yeux se
» fixaient, avec terreur, sur le tableau
» varié, mais toujours renaissant de la
» mort & des funérailles ; les oreilles
» retentissaient, jour & nuit, des cris
» des mourans, ou des gémissemens des
» infortunés qui se plaignaient de leur
» survivre. Dans la suite, l'habitude de
» ces horribles spectacles rendit tellement
» les cœurs insensibles, que non-seule-
» ment on ne pleurait plus les morts,
» mais que même on dédaignait d'ap-
» paiser leurs manes, par quelques hon-
» neurs funèbres. La terre, sanglante &
» noircie, était jonchée de cadavres, qui
» en attendaient d'autres pour augmenter
» le foyer de la corruption. Les miasmes
» putrides qui s'en exhalaient, apportaient
» la mort à ceux qui n'étaient que ma-
» lades, & le germe de la maladie à ceux

» qui n'en avaient pas encore ſubi les
» atteintes. On vit des guerriers, qui,
» préférant une fin glorieuſe à cette mort
» lente & cruelle, allèrent défier l'ennemi
» dans ſes rangs, pour s'y faire égorger.

» Les Romains, qu'un ſiége de trois
» ans avait accoutumés aux intempéries
» de l'air de la Sicile, réſiſtèrent un peu
» plus aux influences de la peſte, que ſes
» autres victimes. Les indigènes, qui
» eurent la liberté de quitter Syracuſe,
» allèrent reſpirer un air plus pur à une
» autre extrémité de l'iſle; pour les Car-
» thaginois, qui n'avaient pas les mêmes
» reſſources, preſque tous ſuccombèrent;
» la mort, après avoir dévoré lentement
» les ſoldats, enleva les deux Généraux,
» Hippocrate & Imilcon «.

Dans les mœurs actuelles, une peſte, dont deux armées ennemies craindraient également les ravages, aménerait néceſſairement une trève entr'elles; les hommes ayant la Nature à dompter, ne chercheraient pas à s'entre-détruire, & c'eſt un des grands ſervices qu'une Philoſophie éclairée a rendus à l'Europe : mais au ſiècle des Marcellus & des Annibal, les déſaſtres, cauſés par la peſte, ne firent que redoubler la férocité de la guerre. Les Romains ne ſongèrent point à lever le ſiége; encore moins Syracuſe à capituler. Il ſemblait que les haines nationales euſſent juré de ne s'éteindre, que lorſque la Sicile ſerait devenue le tombeau de tous les êtres infortunés & cruels qui s'agitaient ſur ſa ſurface.

Bomilcar, ſur ces entrefaites, fit voile de Carthage, avec cent trente vaiſſeaux de guerre, & ſept cents barques chargées de vivres. Epycide vint le trouver, & le décida à tenter le ſort d'une bataille ; mais au moment où la flotte Romaine, qui croiſait aux environs du promontoire Pachyn, faiſait ſes diſpoſitions pour combattre, tout-à-coup l'Amiral de Carthage, ſaiſi d'une terreur panique, fit le tour de la Sicile, & vint mouiller près de Tarente. Epycide, au déſeſpoir de tant de lâcheté, commença à déſeſpérer du ſalut de Syracuſe, & ne voulant pas s'enſévelir ſous les ruines de cette ville infortunée, il alla ſe renfermer dans les remparts d'Agrigente.

Quand les défenſeurs de l'Achradine eurent appris la fuite de l'Amiral de Carthage & la déſertion de leur Préteur, ils députèrent, à Marcellus, pour traiter avec lui. Les préliminaires de la paix furent funeſtes aux trois Lieutenans d'Epycide, que le peuple, en fureur, égorgea dans leurs maiſons : on nomma enſuite des Préteurs agréables aux Romains, & la Sicile fut ſur le point d'être pacifiée, ſans le moyen terrible de la conquête.

Malheureuſement, on avait oublié de faire entrer les transfuges dans le traité : ceux-ci ſe ſoulèvent, perſuadent aux ſoldats mercenaires, que leur cauſe eſt commune, & tous de concert vont tuer les Préteurs, & paſſer au fil de l'épée les citoyens qu'ils ſuppoſent d'intelligence avec Rome. Les cohortes de Marcellus se présentèrent, le jour même, devant l'Achradine, & les Commandans des transfuges leur en firent fermer les portes.

Parmi ces Commandans de nouvelle création, il y avait un Espagnol, nommé Eric, qui, prévoyant les triomphes de Marcellus, songea à se dérober au supplice qui le menaçait, par une heureuse perfidie. Les Romains, de concert avec lui, firent une fausse attaque aux remparts de l'Achradine, & pendant que toute l'attention se portait du côté qui était menacé de l'escalade, il introduisit l'ennemi par une porte dont la garde lui était confiée. En peu de tems, les légions s'emparèrent de tous les postes qui commandaient l'Achradine, & Marcellus, sûr de ne plus trouver qu'une vaine résistance, fit sonner la retraite, pour empêcher qu'on ne pillât le trésor des Rois de Syracuse.

Le Héros de Rome, profitant du

droit terrible de l'épée, abandonna au pillage le magnifique quartier de l'Achradine, sans exiger du soldat qu'il respectât la vie des hommes sans défense qui tombaient en son pouvoir. Aussi le sang des vaincus coula à torrens; il faut que cette journée désastreuse ait imprimé une grande tache sur la gloire de Rome, puisque ses Historiens, d'ailleurs si exacts, ont rougi de calculer le nombre des victimes.

MORT D'ARCHIMÈDE (*a*).

PARMI les crimes des vainqueurs, qu'éclaira ce jour terrible, celui qui a laiſſé la trace la plus profonde dans la mémoire des hommes, eſt le meurtre d'Archimède. Il y a pluſieurs traditions anciennes ſur les détails de cet évènement mémorable; ſuivant quelques Ecrivains, ce grand homme portait, à Marcellus, dans un coffre précieux, des cadrans ſolaires, des ſphères & des inſtrumens d'Aſtronomie : des ſoldats crurent que le coffre ne renfermait que de l'or, & pour s'en rendre maîtres, ils égorgèrent Archimède.

Le récit le plus univerſellement adop-

(*a*) *Plutarch.* in Marcel.; *Tit.-Liv.* lib. 25; *Cicer.* Tuſcul. lib. 5.

té, eſt celui-ci : au moment du ſac de l'Achradine, Archimède était occupé à réſoudre un problême; tout entier à l'objet mathématique qui abſorbait ſon intelligence, il n'entendit point le fracas des trompettes, les cris des citoyens qu'on égorgeait, ni le bruit des maiſons embraſées qui s'écroulaient autour de lui; tout-à-coup un ſoldat ſe préſente, & lui ordonne de le ſuivre à la tente de Marcellus. Archimède, tiré de ſa rêverie profonde, prie le Romain de lui permettre d'achever ſon problême, & celui-ci, irrité de ce délai, qu'il regardait comme une réſiſtance coupable, tire ſon épée, & tue le Géomètre.

Quelques Hiſtoriens ont cru que le ſoldat, qui n'était point député par Marcellus, alla d'abord à Archimède, l'épée à la main, pour lui ôter la vie; que ce grand homme, ſans ſe troubler, pria ſeulement ſon aſſaſſin d'attendre, pour le frapper, qu'il eût trouvé la démonſtration du problême mathématique qui l'occupait, & que le soldat féroce, qui ne se souciait ni d'un problême ni de sa démonstration, se hâta de le tuer, ayant d'autres crimes à commettre.

Quoiqu'il en soit, Marcellus, au récit de la mort d'Archimède, s'abandonna à une douleur qui n'était point étudiée ; à la vue du meurtrier de ce grand homme, il détourna ses regards *comme d'un impie*, dit le bon Plutarque, & ne pouvant rendre la vie à la victime des fureurs de la guerre, il s'appliqua du moins, autant qu'il était en lui, à honorer sa mémoire. Sès parens obtinrent, pendant leur vie, un grand nombre de priviléges, & on lui érigea à lui-même un monument au milieu de cette patrie, dont son génie avait si long-tems retardé l'esclavage.

Archimède, par son testament, avait ordonné de graver sur sa tombe un cylindre circonscrit à une sphère, & d'en marquer le rapport sur la base, pour lui servir d'épitaphe. Ses intentions furent suivies. Mais l'esclavage de Syracuse, ſous des maîtres terribles, qui ne connaiſſaient encore d'autre art que celui de la guerre, amena une telle ignorance dans cette ville dégradée, que moins de cent quarante ans après la conquête de Marcellus, ſes habitans ſoutenaient n'avoir jamais poſſédé le tombeau d'Archimède. Cicéron, qui à cette époque était Queſteur en Sicile, s'obſtina à en faire la recherche, & il le trouva preſqu'entièrement couvert de ronces, non loin de la porte qui conduiſait à Agrigente. Ce zèle pour les arts, doit lui faire pardonner d'avoir oſé appeller *homme de néant*, un auſſi beau génie qu'Archimède.

DES MONUMENS DE LA SICILE, ET DE L'APOLLON DU BELVÉDÉRE (a).

LE tombeau d'Archimède nous conduit à parler de quelques autres monumens, soit de Syracuse, soit des autres métropoles de la Sicile, qui ont échappé à la torche des conquérans & à la dégradation lente, soit du tems, soit de l'ignorance, & nous suivrons pour guide un Voyageur Philo-

(a) *Voyage en Sicile* de Brydone, tome 1, lettre XII ; tome 2, lettres XVIII & XXXI.

ſophe, qui a été étudier en Sicile les antiquités, la nature & les hommes.

Nous ne pouvons parler du fameux temple de Cérès à Enna, ni de tous les monumens érigés dans la haute antiquité pour conſacrer l'enlèvement de Proſerpine, parce qu'il n'en reſte d'autres veſtiges que des textes aſſez obſcurs d'Hiſtoriens qui ſe contrediſent. Le culte antique de Cérès, la divinité tutélaire de la Sicile, ne ſemble plus ſubſiſter que par des médailles, où elle eſt repréſentée avec un épi de bled ſur le revers, ſymbole de ſes bienfaits envers l'agriculture.

Le temple de Vénus, ſur le mont Eryx, eut quelque-tems autant de célébrité que celui de Cérès dans la vallée d'Enna. Le Dédale de Crète l'enrichit de pluſieurs morceaux de ſculpture d'un travail achevé, & en particulier d'un bélier de marbre qui ſemblait reſpirer. Le bélier fut tranſporté à Rome par les déprédateurs de la Sicile; pour le temple, il tombait déja en ruine avant le règne de Tibère ; aujourd'hui, le culte de Vénus, ſur le mont Eryx, a été remplacé par celui de Saint-Julien.

Palerme, l'ancienne Panorme, conſerve, ſur une de ſes portes, une inſcription Chaldéenne, de la plus haute antiquité, qui prouve que le théiſme fut la première religion de la Sicile, ainſi que celle de tous les peuples qui ſe civiliſent.

» Il n'exiſte qu'un ſeul Dieu ; de lui » ſeul émane toute puiſſance. Ce Dieu » que nous adorons, eſt le ſeul conqué- » rant du globe «.

La tour de Baych, où eſt la porte & l'inſcription, à en croire un Evêque de Lucéra, qui connaiſſait mieux la Bible que l'Hiſtoire, fut bâtie dans l'âge des Patriarches.

Une des villes de la Sicile, la plus renommée pour ſes antiquités, eſt Agrigente ; on ne peut ſe laſſer d'admirer ſur le mur d'un de ſes anciens temples, converti en Egliſe, la fameuſe chaſſe du ſanglier, ſculptée en relief ſur du marbre blanc. Ce monument conſiſte dans quatre tableaux, dont nous devons la deſcription à la plume ingénieuſe de Brydone.

Le premier renferme les préparatifs de la chaſſe; on y voit deux chaſſeurs armés d'une lance & d'un coutelas. Les chevaux ſemblent reſpirer le feu, de leurs narines entr'ouvertes, ce qui prouve peut-être mieux l'excellence de leur race, que tous les témoignages des Hiſtoriens, car l'Artiſte qui les a deſſinés, était certainement accoutumé à voir de beaux chevaux.

Le ſecond tableau repréſente la chaſſe même; le troiſième, la mort du Prince qui tombe de cheval, & le dernier le déſeſpoir de la Reine, quand on lui annonce cette nouvelle tragique. Il y a autant d'ame ſur le viſage de cette femme prête à s'évanouir, que dans les figures du fameux grouppe de Laocoon.

Les ruines des temples d'Agrigente, qu'on rencontre près du rempart méridional de la nouvelle ville, n'excitent pas moins l'attention du Voyageur Philosophe. Le temple de Vénus subsiste à moitié; celui de la Concorde peut être considéré comme entier, puisque toutes ses colonnes sont sur leur base, & ont conservé leur entablement. Ces deux temples, bâtis dans les mêmes proportions, sont soutenus par trente-huit grosses colonnes d'ordre Dorique & cannelées, dont treize à chacune des faces latérales, & six à chaque extrémité. Cette Architecture, toute simple qu'elle est, a un ensemble qui en impose.

Le temple d'Hercule, non loin des deux derniers, tombe en ruine; on y voit encore des tronçons de colonnes, qui ont près de sept pieds de diamètre. Xeuxis avait peint pour la décoration intérieure de cet édifice, son fameux tableau d'Alcide enfant, qui étouffe deux couleuvres; le sanctuaire était aussi orné de la statue du même héros, un des chef-d'œuvres du siècle d'Alexandre, que le brigand Verrès tenta vainement d'enlever aux habitans d'Agrigente. Cicéron doit à cette ſtatue les plus beaux traits d'éloquence répandus dans ſes harangues, contre le déprédateur de la Sicile.

Le temple de Jupiter Olympien, à en croire la tradition d'Agrigente, paſſait, quand il était debout, pour le plus vaſte du monde connu; c'eſt une vraie carrière; la difficulté de croire comment de ſi énormes blocs de rochers ont pu être placés dans cet édifice par la main des hommes, a fait imaginer que c'était l'ouvrage des Briarée & des Encelade; le nom même que ces ruines portent encore (la Baſilique des Géans) ſert à confirmer la multitude dans ce préjugé. Ce temple ſubſiſta dans ſon entier juſqu'en 1100; aujourd'hui, il eſt tellement en ruines, qu'il échappe aux crayons des Architectes.

Le tombeau de Théron, ancien Roi d'Agrigente, s'eſt dérobé à la deſtruction du tems, & aux fureurs de Carthage. Ce monument, fait de forme pyramidale, & d'une architecture à la fois ſimple & noble, a plus de deux mille ans d'antiquité, car Théron avait Pindare pour contemporain.

Le monument le plus étonnant, pour l'homme de goût, qu'Agrigente ait jamais poſſédé dans ſes remparts, eſt, ſi l'on en croit la tradition Sicilienne, la fameuſe ſtatue d'Apollon, ſi connue ſous le nom de l'Apollon du Belvédère. Les Carthaginois l'enlevèrent du temple d'Eſculape, & la portèrent en Afrique. Scipion, dans le ſac de Carthage, la reprit & la rendit à ſes anciens maîtres. Dans la ſuite, Rome commençant à apprécier les chef-d'œuvres de l'eſprit humain, jugea l'Apollon d'Agrigente digne de décorer la capitale du monde, & elle le plaça dans le Capitole.

On ignore quel eſt l'homme de génie qui a fait cette magnifique ſtatue d'Apollon, dont toutes les gravures, froide traduction, ne rendront jamais la tête céleste & l'intelligence sublime qui semble l'animer. L'Artiste a choisi l'instant où le Dieu vient de percer de sa flèche le serpent Python. Le dard parti, il le suit des yeux ; déja il semble pressentir la reconnaissance du genre humain, & on dirait que sa tête s'élève, pour recevoir, avec plus de dignité, son encens & ses hommages.

L'Apollon a de tout tems enlevé les suffrages des hommes de goût ; on ne connaissait rien au-dessus de cette production de l'art Grec, dans le siècle d'Auguste. Celui des Médicis ne vit point l'enthousiasme dégénérer ; Raphaël & Michel-Ange proposaient cette statue comme le prototype éternel du beau. De nos jours même, où un goût petit & maniéré, semble avoir éteint dans tous les arts la flamme du génie, il faut voir avec quel feu les amateurs de l'antique parlent de ce chef-d'œuvre du Belvédère. Winckelmann, dont la tête octogénaire avait blanchi sur tous les monumens de la Grèce & de Rome, ne trouve pas d'expreſſion pour rendre la haute idée qu'il a conçue de l'Apollon. Tout récemment, Sherlock, dans des lettres étincelantes d'eſprit, que tout le monde a critiquées, mais que tout le monde a lues, oppoſe ainſi le ſeul Apollon aux plus belles ſtatues des ſiècles de Médicis & de Louis XIV (*a*).

» C'eſt dans le Belvédère, qu'on voit la » ſupériorité des Grecs ſur toutes les na- » tions de la terre. La diſtance qui eſt » entre l'Apollon, le Laocoon, & tous » les chef-d'œuvres de la France & de » l'Italie, eſt ſi grande, qu'il eſt preſque » ridicule de les nommer enſemble.

» Que le Voyageur ſe rappelle, en » regardant l'Apollon, que ce qu'il voit » a été un bloc de marbre rude & in- » forme. Le premier pas pour l'Artiſte, » était de créer le caractère de ce Dieu.

(a) *Lettres d'un Voyageur Anglais*, pag. 74.

» Avant donc que le marbre ait été tou-
» ché, le Sculpteur avait fait un effort de
» génie, & cet effort de génie est si
» grand, que tous les hommes qui lui
» ont succédé jusqu'à ce moment, n'ont
» jamais pu en faire un semblable. Ceci
» n'est pas un éloge, c'est un fait que je
» cite. Si le fait n'est pas vrai, qu'on me
» nomme une statue d'une invention
» égale. Serait-ce la Suzanne de Fiam-
» mingo, la Justice de Porta, la Sainte
» Bibienne du Bernin, ou le Moyse de
» Michel Ange? Je ne crois pas qu'aucun
» homme sensé les compare jamais. Le
» Moyse n'est inférieur à aucune statue
» moderne; mais c'est du Torse Grec
» que Michel-Ange a tiré l'idée origi-
» nale de sa statue. Pour l'invention de
» l'Apollon, elle étonne tous les hom-
» mes, & les étonne à proportion du
» tems, & de l attention avec lesquels ils
» l'examinent.

» L'Apollon du Bernin est, malgré
» tous ses défauts, une belle statue; elle

» ne paraît médiocre que parce qu'on la » compare (ſouvent ſans s'en appercevoir) avec l'Apollon du Belvédère. » L'Apollon de Bouchardon n'eſt pas » une production médiocre non plus; » mais comparés ſeulement la ſtatue originale Françaiſe avec la copie de la » ſtatue Grecque dans le jardin de Verſailles, la différence n'eſt pas croyable, » c'eſt celle qu'il y a entre un homme & » un Dieu. L'on ne ſait pas ce que c'était » qu'un Dieu Payen, mais on ſent toujours, en regardant cette ſtatue, qu'elle » eſt l'image de quelque choſe de plus » qu'un homme.

» Lorſqu'au génie & au goût, on joint » une exécution parfaite, je crois que » l'homme ne peut pas aller plus loin: » or, le fini de l'Apollon du Belvédère » eſt immenſe, même dans les détails » les plus minutieux. Cependant l'Artiſte » aurait preſque pu ſe diſpenſer de la » peine d'avoir auſſi parfaitement achevé » ſon ouvrage. Sa conception a été ſi

» ſublime, & ſa diſtribution ſi heureuſe,
» qu'elles ſeules auraient commandé
» l'admiration de tous les hommes «.

Je quitte avec regret les ruines vénérables d'Agrigente, & les ſtatues admirables que Rome lui a enlevées; les débris d'édifices que nous allons trouver dans l'ancienne capitale de la Sicile, preſque tous monumens de la plus abſurde & de la plus atroce des tyrannies, ſont plus faits pour attriſter notre ame, par l'uſage odieux auquel on les deſtinait, qu'à exciter notre admiration, par la hardieſſe de l'ouvrage.

Syracuſe, la plus opulente (au tems de la ſeconde guerre Punique) de toutes les villes de la Grèce, qui défia long-tems avec ſuccès Rome & Carthage, qui repouſſa des flottes de deux mille voiles, & des armées de deux cents mille hommes, & qui renfermait dans l'enceinte de ſes remparts ce qu'on n'avait jamais vu dans aucune ville du globe, des flottes & des armées, Syracuſe, en un mot, n'eſt plus aujourd'hui qu'un eſpèce de déſert peuplé de décombres. L'Ecrivain ingénieux que j'analyſe, ne trouva pas un ſeul être vivant, en voguant autour de la plus grande partie de ſes remparts, qui étaient jadis la terreur des armées Romaines, d'où Archimède foudroyait leurs flottes, & enlevait, avec ſes machines, leurs vaiſſeaux, pour les briſer contre les rochers.

Des quatre villes qui compoſaient la Syracuſe de Marcellus, il ne ſubſiſte plus que celle d'Ortygie; les ruines des autres qui occupaient vingt-deux milles de circonférence, ſont des champs couverts de vignobles, où des tronçons de colonnes ſoutiennent les terres, où les ceps ſe lient au marbre des tombeaux. Le peuple du pays (& à cet égard preſque tout le monde y eſt peuple) entièrement occupé des éruptions de l'Etna & du voile de Sainte-Agathe, ſourit de dédain, quand on lui parle de Timoléon, de Marcellus & d'Archimède.

Les temples de l'ancienne Syracuſe,

ſont tous tellement anéantis, que les Savans du pays diſputent ſur leur emplacement. Ils ne s'accordent que ſur quelques colonnes de celui de Jupiter Olympien, & ſur la baſilique de Minerve. Ce dernier édifice ſubſiſte preſque tout entier, à l'exception de la façade, bâtie récemment dans un goût moderne & meſquin; il ſert de Cathédrale à la nouvelle Syracuſe.

L'amphithéâtre, qui a la forme d'un ellipſe très-excentrique, tombe de tout côté en ruines; pour le théâtre, il s'eſt aſſez bien conſervé, car on en diſtingue juſqu'aux gradins; cependant ce monument, par ſa petiteſſe, ne donnerait pas une haute idée de la magnificence de Syracuſe, il eſt probablement poſtérieur aux Hyéron & aux Archimède.

Les ruines les plus célèbres de Syracuſe, ſont l'édifice terrible, connu ſous le nom de l'*oreille de Denys*, & la priſon publique des carrières.

Les carrières, ſituées à près de cent

pieds au-dessous du niveau de la terre, forment une espèce de labyrinthe d'une étendue incroyable; tout est taillé dans un rocher aussi dur que le marbre, & formé d'un mêlange de fossiles, de corps marins & de coquillages; il est probable que les contemporains de Gélon creusèrent ce rocher pour la construction de leurs édifices, & que, dans la suite, on fit servir l'excavation de prison publique, pour les criminels d'Etat, ou pour les victimes de la férocité des despotes. Aujourd'hui les carrières, couvertes d'une terre végétale, qu'aucun vent ne peut enlever, sont devenues le plus beau jardin de Syracuse.

L'oreille de Denys mérite une description encore plus détaillée dans une Histoire des Hommes; on donne ce nom à un monument qui atteste encore moins la magnificence du tyran qui l'a élevé, que sa barbarie. C'est une caverne immense, creusée dans le roc, & qui a exactement la forme de l'oreille humaine.

Sa hauteur perpendiculaire eſt de 80 pieds, & ſa longueur de 250. L'Architecte, très-inſtruit dans l'Anatomie, conſtruiſit cette caverne avec tant d'art, que tous les ſons qui s'y produiſaient, étaient réunis dans un ſeul foyer, qu'on appellait le tympan. Denys l'ancien, dont tout le génie était dans ſon machiavéliſme, fit pratiquer, à l'extrémité de ce tympan, une ouverture qui communiquait à un cabinet de ſon palais, où il avait coutume de ſe cacher, & d'où il entendait diſtinctement tout ce qui ſe diſait dans la caverne. Suivant la tradition Sicilienne, à l'inſtant que cet ouvrage fut achevé, le tyran, pour aſſurer ſon ſecret, fit mettre à mort les ouvriers & l'Architecte. Dans la ſuite, on renferma, par ſon ordre, dans la caverne, tous les citoyens qui lui étaient ſuſpects par leur patriotiſme; &, s'il leur échappait quelque mot républicain, ils n'en ſortaient que pour aller au ſupplice.

CONQUÊTE DE LA SICILE, PAR LES ROMAINS (a).

MARCELLUS, maître de Syracuse, parcourut la Sicile en conquérant, saccageant les villes qui obéissaient encore à Carthage, & faisant naître des prétextes pour réduire celles qui étaient indépendantes, sous le joug de sa République. Parmi ces déprédations, que le patriotisme Romain honorait du nom d'exploits, il faut parler de la manière étrange dont la ville d'Engyum passa au pouvoir du vainqueur d'Annibal & d'Archimède.

(a) *Plutarch.* in Marcel.; *Tit.-Liv.* lib. 25 & 26.

Engyum était une ville du ſecond ordre, mais très-ancienne, & qui devait ſa fondation à une colonie de la Crète. Le peuple, gouverné par les Prêtres, y était très-ſuperſtitieux ; il croyait, en particulier, aux apparitions de Cybèle, & il y croyait de cette foi robuſte, qui punit de mort les Philoſophes.

Le parti dominant dans Engyum, était celui d'Annibal. Pour les amis des Romains, ils oſaient à peine ſe montrer. Nicias, le chef de ces derniers, pour avoir parlé avec trop de franchiſe, ſur la mauvaiſe politique de ſes concitoyens, irrita contre lui les Magiſtrats, qui réſolurent de l'enlever, & de le livrer au Sénat de Carthage. Celui-ci, qu'on inſtruiſit du complot, & qui ne pouvait ſe dérober au danger par la fuite, parce qu'il était gardé à vue, imagina un étrange ſtratagême, pour ſe rendre en ſûreté au camp des Romains.

Il commença par ſemer, dans le public, des propos téméraires contre le culte de Cybèle, traitant de rêverie sacerdotale, les apparitions de la Déesse; le peuple s'indigna, & les amis d'Annibal se proposèrent bien de lui faire expier ses sacriléges sur l'autel embrasé de Saturne.

Le jour destiné pour l'enlèvement de Nicias, arriva enfin; c'était celui d'une assemblée nationale; le prétendu ennemi de Cybèle prend séance, comme un des premiers citoyens, & harangue la multitude sur la guerre présente. Tout-à-coup, au milieu de son discours, il se jette par terre, affectant le silence de l'extase; ensuite il lève une tête tremblante & défigurée, articulant avec peine quelques mots que l'effroi semble lui arracher. Dès qu'il voit le peuple dupe de la comédie religieuse qu'il commence à jouer, il se relève avec des convulsions, jette son manteau, déchire sa tunique, & prenant sa course à demi-nud, il gagne une des issues de la place, criant qu'il est poursuivi par Cybèle, qui le punit de son impiété. Le peuple se range, & aucun des ſatellites de la faction d'Annibal n'oſe toucher un criminel que la vengeance céleſte ſemble pourſuivre. La femme de Nicias, de ſon côté, aidait au ſuccès du ſtratagême, en courant au temple de Cybèle, pour déſarmer ſon courroux. L'ami des Romains, pendant ce tumulte, gagne une des portes de la ville, & vient trouver Marcellus dans Syracuſe.

Marcellus, enchanté de trouver un prétexte pour aſſervir Engyum, ſe préſente devant la place avec ſon armée, s'en empare & fait charger de chaînes tous les habitans. Heureuſement Nicias, qui n'avait pas la ſuperſtition de ſon ſiècle, avait encore moins ſa férocité; il demanda grace pour ſes concitoyens, en commençant par ſes ennemis. Marcellus, pénétré d'admiration pour tant d'y généroſité, rendit la liberté aux habitans d'Engyum, & défendit à ſes ſoldats de commettre le moindre brigandage; mais Engyum, de ce moment, n'en devint pas moins une ville Romaine.

Les autres campagnes de Marcellus, ne furent qu'une ſuite de triomphes. Il défit, non loin d'Agrigente, Epicyde & Hannon, qui commandaient les débris des armées de Carthage, & força un grand nombre de villes, qui tenaient pour ſes ennemis, à recevoir les loix de ſa République.

Sur ces entrefaites, le vainqueur de Syracuſe fut nommé Conſul, & chargé du gouvernement de la Sicile. Le maſſacre d'Enna, le ſac de Syracuſe, & d'autres traits de ce genre, l'avaient rendu odieux. Auſſi les Siciliens, qui ſe trouvaient à Rome, au tems de l'élection, coururent auſſi-tôt au Sénat, vêtus de longs habits de deuil, & proteſtant, au nom de leurs concitoyens, qu'ils aimeraient mieux voir leurs villes embraſées par les flammes de l'Etna, que gouvernées par le farouche vainqueur d'Archimède.

Il entrait aſſurément beaucoup d'intrigues Romaines dans les plaintes des Siciliens; car Marcellus avait une foule d'ennemis dans sa patrie, que lui avaient donnés son génie & ses victoires. Mais ce héros, pour le bien de la paix, demanda lui-même à changer de département avec son collègue ; ainsi il demeura en Italie, & Valérius Lévinus alla achever la conquête de la Sicile.

Il ne restait, à cette époque, aux Carthaginois, que la ville d'Agrigente ; Lévinus s'en empara par la perfidie de Mutine, un des trois Commandans de la place ; l'armée Africaine fut toute entière passée au fil de l'épée ; il ne se sauva que les deux Généraux, Epicyde & Hannon, qui, trouvant un vaisseau prêt à mettre à la voile, allèrent cacher leur ignominie dans les murs de Carthage.

Le vainqueur entra en brigand dans Agrigente, vaincue & désarmée. Tous les chefs de cette ville immense, furent, par son ordre, battus de verges & décapités ; les édifices, tant publics que particuliers, abandonnés au pillage, & les habitans vendus en qualité d'esclaves.

Par le traité qui termina la première guerre Punique, la moitié de la Sicile était devenue province Romaine ; la prise de Syracuse, par Marcellus, & le sac d'Agrigente, ordonné par Lévinus, entraînèrent l'autre sous la même dépendance. Les vainqueurs accordèrent, aux métropoles de cette isle célèbre, le privilége de vivre suivant leurs anciennes loix, mais ils leur ôtèrent tous les droits de la souveraineté. C'était dorer leurs chaînes, pour empêcher de voir qu'ils en avaient augmenté le poids.

La Sicile fut très-utile aux Romains, dans leurs guerres contre Carthage, parce qu'elle leur servit de degré pour passer en Afrique. Ses campagnes fertiles fournissaient, en outre, des vivres à leurs armées, & ses ports d'asyle à leurs flottes. Aussi, après le renversement de Carthage, Scipion, par reconnaissance, enrichit Syracuse, Leontium, Agrigente d'une foule de tableaux & de statues, enlevés à la rivale de Rome ; présent qui, dans l'état de dégénération où elles ſe trouvaient, les flatta autant que le recouvrement de leur indépendance.

Lorſque Syracuſe tomba au pouvoir de Marcellus, elle avait été indépendante ſoit comme Monarchie, ſoit comme République, l'eſpace de 279 ans; car Gélon exerça l'autorité ſuprême, ſous le nom de Préteur, l'an 1091 de l'Ere de Paros, & le ſac de Syracuſe tombe l'an 1370, qui répond à la première année de la cent quarante-deuxième Olympiade.

DE

L'ISLE DE RHODES.

HISTOIRE DE SA MONARCHIE PRIMITIVE.

L'ISLE de Rhodes, située à la pointe méridionale de l'Asie mineure, fut, dans les tems primitifs, la demeure des serpens, ce qui lui fit donner, par les Grecs, le nom d'Ophiuse; *Rod*, en Phénicien, a aussi la même signification; ainsi, il est difficile d'admettre l'étymologie vulgaire qui fait dériver Rhodes du *Rodon* grec (Rose), à cause des fleurs que l'isle produisait, presque sans culture, & encore moins celle de Diodore, qui donne pour tige aux Rhodiens, une Princesse Rhode, fille phantaſtique de Vénus & du Soleil (*a*).

Les Phéniciens, à une époque antique inaceſſible, à notre chronologie, vinrent diſputer la poſſeſſion de l'Iſle de Rhodes aux ſerpens, coupèrent ſes bois, défrichèrent ſes landes, & la voyant, après une légère culture, le théâtre de la plus heureuſe végétation, la dédièrent à l'aſtre qui vivifie la nature.

Rhodes n'a que des contes mythologiques, & point d'hiſtoire, avant la fondation de trois de ſes plus anciennnes villes; Linde, Camire & Jalyſe, qui fûrent bâties par Tlepolème, fils d'Hercule, quelque tems avant la guerre de Troye (*b*).

(*a*) Lib. 5.

(*b*) *Diod. Sicul.* lib. 4. Cicéron & Strabon ſe jouaient, ſans doute, avec le pinceau d'Héſiode, quand ils attribuaient la fondation de ces trois villes à trois petits-fils du Soleil. Voy. *Strab.* Geogr. lib. 14, & *Cicer.* de Natur.

Les habitans de ces trois villes, quittèrent, dit-on, volontairement leur patrie, & vinrent s'établir dans Rhodes ; mais cet évènement, très-postérieur, n'est que de la première année de la quatre-vingt-treizième Olympiade.

Les Doriens, un grand nombre de siècles auparavant, avaient chassé de leur pays, ou exterminé le peuple indigène de l'isle de Rhodes, & s'étaient établis sur ses ruines. Cette émigration est du tems de la conquête des Héraclides.

Tous les peuples qui commencent, ont des Rois pour maîtres ; car, un Gouvernement ne devient républicain, que quand la politique se perfectionne. Les Rhodiens eurent donc des Monarques, dès l'époque de l'introduction de leurs pre-

---

Dcor. lib. 3 ; Athénée *Deipnosoph.* lib. 3, croit que ces villes Rhodiennes sont de l'époque de la conquête des Doriens, & Hérodote *Euterpe* fait honneur de leur fondation aux filles de Danaüs.

mières Colonies : mais leur nom même n'a pû échapper à l'oubli ; & ce n'est peut-être pas une perte pour l'histoire.

Les Souverains mêmes, qui gouvernèrent l'isle dans un âge intermédiaire, n'auraient guère de droit aux regards de la postérité, si leurs noms stériles ne servaient pas à fixer quelques époques dans les landes de la chronologie.

TLEPOLÈME, le fondateur de Linde, de Camire & de Jalyse, suivant Homère, fut tué par Sarpedon, au siége de Troye. Dictys & Diodore prétendent qu'il rentra dans ses Etats, chargé des dépouilles de la famille de Priam. Il y a un grand vuide dans les annales Rhodiennes, après le règne de cet Héraclide.

DORIÉE est probablement le conquérant Dorien, qui vint exterminer le peuple indigène de Rhodes, un peu moins d'un siècle après la prise de Troye.

DAMAGÈTE I. fils de Doriée, était embarrassé sur le choix d'une épouse; les oracles, qui, dans ce tems-là, commandaient aux Rois, comme à la multitude, enjoignirent à ce Prince d'épouser la fille du plus homme de bien d'entre les Grecs. Damagète obéit, & demanda la main de la fille du fameux Messénien Aristomène (a).

DIAGORAS I. naquit du mariage ordonné par les oracles. Ce Prince fut célèbre par son amour pour la justice & par ses lumières. Il est probable qu'on lui doit le germe de ces fameuses institutions sur la navigation & sur le commerce, que l'antiquité connaissait sous le nom de *loix Rhodiennes*, & qui, incorporées dans la suite, par Rome conquérante, avec les siennes, furent suivies avec succès dans le vaste Empire de César.

EVAGORAS. On lui pardonne de n'avoir rien fait de digne d'être transmis à la postérité, parce qu'il fut le père du sage Cléobule.

(a) *Pausan.* lib. 4.

Cléobule (*a*), un des ſept Sages de la Grèce, alla chez les Prêtres de Memphis, puiſer les premiers élémens des Sciences : à ſon retour dans l'Iſle de Rhodes, il s'occupa ſur-tout du grand art de régner. Mais le compilateur Diogène, au lieu de nous apprendre ce que fit ce grand Homme pour rendre ſes peuples heureux, s'amuſe à nous tranſcrire ſes énigmes (*b*).

Cléobule rétablit le temple de Minerve, bâti originairement par Danaüs, & mourut ſur le trône, à l'âge de ſoi-

(*a*) *Diog. Laërt.* in Cleob.

(*b*) Voici celle ſur l'année. » Un père a douze » enfans, qui ont chacun trente filles, mais » d'un genre différent de beauté : les unes ſont » brunes, les autres blondes, & quoique les » Dieux les aient rendues immortelles, il n'y » en a aucune qui ſoit exempte de la mort «. — Nous ne rapportons ici cette énigme inſipide, que parce qu'elle ſert à prouver que du tems de Cléobule, l'Aſtronomie, à ſon berceau, ne faiſait encore l'année que de 360 jours.

xante & dix ans. Il étoit contemporain de Solon, puisqu'il écrivit à ce fameux Législateur d'Athènes, pour lui offrir dans Linde un asyle contre la tyrannie de Pisistrate.

ERASTIDE succéda à une fille de Cléobule, que l'histoire ne nomme pas, & fut remplacé par d'autres Princes anonymes, qui ne jouèrent aucun rôle dans l'Histoire de la Grèce (a).

DIAGORAS II. fut un des Héros de Pindare, parce qu'on le proclama vainqueur dans presque tous les jeux de la Grèce. Quand l'âge interdit à ce Prince l'entrée de la carrière, il y fit entrer ses trois fils, & crut jouir encore de leur gloire, en la partageant. Il y eut un concours, où, tous trois furent vainqueurs : alors, ils allèrent ceindre la tête de leur pere de leurs couronnes, & le portèrent en triomphe, au milieu de la

---

(a) *Pindar. Scholiast.* pag. 59.

multitude. Diagoras, trop faible pour répondre à tant de tendreſſe, expira de plaiſir dans leurs bras (*a*). Cette mort eſt auſſi belle que la vie de Cléobule.

La chronologie met un intervalle de deux ſiècles & demi entre les deux Diagoras, ce qui prouve ou pluſieurs révolutions que ſubit le trône, ou de longues anarchies.

On conjecture qu'à la mort du ſecond Diagoras, ſa couronne paſſa à une nouvelle dynaſtie, dont la tige fut un Aſclépiade (*b*).

Cette dynaſtie ne fit ſans doute que paſſer : car, au tems de l'invaſion de Xerxès, l'iſle de Rhodes était déja une République.

(*a*) *Pauſan.* lib. 6.

(*b*) *Ariſtid.* Orat. in Aſclep. & ad Rhod. de concord.

HISTOIRE
DE
RHODES, RÉPUBLIQUE (*a*).

Les Rhodiens, soumis à des Rois, n'avaient point eu d'existence dans la Grèce : les Rhodiens libres, devinrent peu à peu une puissance dominante : ils équipèrent des flottes, qui leur assurèrent l'empire de la Méditerranée. L'Espagne reçût d'eux des Colonies, & ils furent long-tems maîtres des Isles Baléares.

On n'a que des conjectures sur la forme du Gouvernement Républicain

---

(*a*) *Diod. Sicul.* lib. 16, 18, 19 & 20; *Strab.* lib. 14; *Demosth.* de libert. Rhodior.; *Aulu-Gell.* Noct. Attic. lib. 10, cap. 18.

dans l'iſle de Rhodes. On ſçait ſeulement que la Démocratie y était tempérée par un Sénat, qui avait le pouvoir légiſlatif. Le chef de cette compagnie s'appellait Prytane; & pour l'empêcher de devenir deſpote, on le changeait tous les ſix mois.

Rhodes, République, fut long-tems alliée d'Athènes: mais la troiſième année de la cent-cinquième Olympiade, cette nation ayant regardé une pareille alliance, comme une eſpèce de joug qu'elle s'était impoſée, y renonça. La fierté Athénienne en fut révoltée, & on envoya ſucceſſivement Chabrias, Iphicrate & Timothée, à la tête de flottes puiſſantes, pour la ſoumettre. La Perſe intervint alors dans cette querelle, & Rhodes, grace à la médiation du Roi des Rois, fut reconnue indépendante, par tous les Etats du Péloponèſe.

Mauſole, Souverain de Carie, avait aidé Rhodes à ſecouer le joug d'Athènes; cette Iſle, dupe de ſa reconnoiſſance, donna à ſon protecteur un pouvoir ſi étendu, qu'il ne lui manqua que le titre de Roi, pour être le vrai ſucceſſeur des Tlépolème & des Diagoras.

Rhodes ne parut ſe ſouvenir qu'elle avait des chaînes, qu'au moment où la mort de Mauſole lui permit de les briſer : alors, pour ſe venger, elle arma une flotte puiſſante, deſtinée à envahir la Carie. Artemiſe régnait, à cette époque, dans cette partie de l'Aſie mineure ; l'Héroïne employa pour défendre ſon pays le machiavéliſme de Lyſandre, plutôt que la bravoure de Miltiade.

Au moment où la flotte conquérante parut devant Halicarnaſſe, les Cariens répandus ſur les remparts, firent retentir les airs de leurs acclamations. Les Rhodiens débarquent, trouvent les portes de la ville ouvertes, & y entrent, flattés de donner des loix à la Capitale de la Carie, ſans que leur triomphe leur coûte du ſang. Mais cette réception brillante n'était qu'une de ces perfidies que le droit de la guerre décore du nom de ſtratagêmes. Au moment où les Rhodiens s'y attendaient le moins, la garniſon d'Halicarnaſſe les enveloppa, & les paſſa tous au fil de l'épée.

Pendant ce carnage, Artémiſe s'était ſaiſie de la flotte ſans défenſe, deſtinée à ſubjuguer la Carie, & ayant mis à la voile, elle avait pris la route de Rhodes.

Les Rhodiens, à la vue de leurs vaiſſeaux, dont les mâts étaient terminés par des couronnes de lauriers, ne doutèrent plus du ſuccès de leur expédition, & ouvrirent les portes de leur ville à leurs prétendus concitoyens. Artémiſe ſe joua en tyran de leur crédulité: maîtreſſe de Rhodes, elle envoya au ſupplice le Prytane & les principaux Magiſtrats; & non contente de cette exécution ſanglante, elle fit ériger dans la place publique, un trophée de ſa victoire, qui imprimait à jamais ſur la nation vaincue, le ſceau de l'ignominie;

c'était un grouppe de bronze, qui représentait la Reine de Carie, imprimant un fer chaud sur le front de Rhodes personnifiée. Ce monument subsista, lors même que Rhodes eut recouvré son indépendance, parce qu'ayant été consacré aux Dieux, la religion du tems défendait de le démolir. Mais la fierté nationale, pour n'avoir point à rougir aux yeux des étrangers, fit entourer d'édifices élevés, le trophée d'Artémise (*a*).

Rhodes opprimée par la Reine de Carie, implora en secret la protection d'Athènes. Démosthêne gagné, monta, à cet effet, à la Tribune aux harangues; mais on ignore, si son discours opéra tout l'effet qu'on devait attendre de l'éloquence de l'Orateur. Tout ce qu'on sçait, c'est que l'isle ne tarda pas à secouer le joug Carien, soit qu'Athènes lui eût envoyé des libérateurs, soit qu'elle eût

(a) *Vitruv.* lib. 2.

profité de la mort d'Artémise, pour recouvrer elle-même son indépendance.

Depuis cette époque, les annales Rhodiennes gardent le silence le plus absolu, jusqu'au règne d'Alexandre. La République, qui, alors avait besoin d'être protégée, se soumit volontairement au Conquérant de l'Inde, & au destructeur du trône de Cyrus.

Cette soumission volontaire, de la part d'un Etat, qui avait dans son sein une marine & des hommes, flatta l'orgueil d'Alexandre : aussi, ce Prince témoigna-t-il en plusieurs rencontres, que Rhodes était, à son gré, la première ville de la Grèce, & il ordonna en mourant, que son testament fût déposé dans ses archives.

Cependant les adulations des Rhodiens, étaient l'ouvrage de leur politique, & non celui de leur reconnaissance. A peine le Héros fut-il mort, qu'ils prirent les armes, chassèrent la garnison Macédonienne, qui surveillait leur fidélité,

& se formèrent de nouveau en République.

A peine Rhodes reprenait-elle son rang dans la confédération des villes Grecques, qu'elle fut sur le point d'être anéantie, par une inondation assez semblable aux anciens déluges d'Ogygès & de Deucalion. Le plus grand nombre de ses édifices fut renversé; & déja les Habitans éperdus, cherchaient un asyle sur leurs vaisseaux, quand il s'ouvrit un abyme où les eaux se précipitèrent; alors, le danger disparut.

Ce désastre fut bientôt réparé. Les Rhodiens eurent la sage politique de conserver une exacte neutralité au milieu des dissentions funestes qui déchiraient la Grèce, & bientôt ils se virent forts, & de leur propre vigueur, & de la faiblesse de leurs voisins.

C'est alors que Rhodes, devenue une puissance dominante par sa marine, purgea la Méditerranée des Pirates, qui l'infestaient de leurs brigandages; elle devint ainsi la bienfaitrice, non de la Grèce, mais de l'Europe.

SIÉGE MÉMORABLE DE RHODES, PAR DÉMÉTRIUS.

DES FAMEUSES MACHINES DE GUERRE, CONNUES SOUS LE NOM D'HÉLÉPOLE ET DE PÉRIDROME (a).

RHODES ne sçut pas se maintenir au milieu des successeurs d'Alexandre, comme elle avait fait au milieu des Républiques de la Grèce ; elle rompit son

(a) *Diod. Sicul.* lib. 20; *Plutarch.* in Demetrio.

fameux ſyſtême d'équilibre, & cet inſtant de ſommeil qu'éprouva ſa politique, fut ſur le point de la renverſer.

Antigone était en guerre avec les Ptolémées pour l'iſle de Chypre. Les Rhodiens prirent parti, en faveur des derniers, parce que les branches les plus lucratives de leur commerce, étaient en Egypte. Alors, Antigone impatient de ſe venger, envoya ſon Amiral avec une flotte formidable, pour bloquer le port de Rhodes & anéantir, s'il était poſſible, ſa marine.

Les Inſulaires ſe défendirent avec toute la vigueur républicaine, ils ſe préſentèrent avec leurs galères réunies, devant l'ennemi; & quoiqu'il fût ſupérieur par le nombre de ſes vaiſſeaux, ils le fatiguèrent tellement par leurs manœuvres ſavantes, qu'ils l'obligèrent à lever le blocus.

Cet échec, au lieu de ramener Antigone à des principes pacifiques, ne ſervit qu'à l'aigrir. Il jura de faire paſſer les flots de la mer sur les ruines de Rhodes; & comme son âge de quatre-vingts ans, ne lui permettait pas de voir par ses yeux les effets terribles de sa vengeance, il chargea son fils Démétrius, du soin de vaincre un peuple qui lui était odieux, & de l'exterminer.

Démétrius était le guerrier de son siècle, le plus fait pour remplir le vœu destructeur d'Antigone. Personne n'entendait comme lui la tactique des siéges, & il était connu en Europe sous le nom de Poliocertes ou de preneur de villes; il se présenta devant Rhodes avec une flotte de trois cents soixante & dix voiles, dont deux cens étaient des vaisseaux de guerre, & portaient quarante mille hommes. Personne ne s'opposa à sa descente. Alors, il dressa son camp hors de la portée du trait, & il fit creuser par ses soldats, un port nouveau pour contenir toute sa flotte.

Rhodes, quand ses alliés l'abandonnaient, ne s'abandonna pas elle-même;

il n'y avait alors dans ses remparts que six mille citoyens, en état de porter les armes, & environ mille soldats de troupes auxiliaires. Elle se rappella les tems héroïques des batailles de Platée & des Thermopyles; & ce souvenir fit de ses citoyens, autant de Leonidas & de Miltiade.

L'héroïsme Républicain s'annonça par un decret, portant que tout soldat qui mourrait au service de la patrie, serait inhumé aux frais du public, & que l'Etat se chargerait de doter ses filles, de nourrir sa veuve, & d'élever ses enfans. Les Rhodiens, flattés d'occuper ainsi les regards du Gouvernement, surpassèrent son attente. Le riche & l'indigent concoururent au même but, l'un déployant son or pour acheter du fer, l'autre, prêtant son industrie pour convertir le fer en armures.

La cause la plus juste, contre l'ordinaire des guerres, fut la plus heureuse. Les Rhodiens commencèrent par nettoyer, avec leurs vaiſſeaux, les côtes de leurs iſles, des Pirates, qui, ſous le pavillon de Démétrius, venaient les dévaſter, & ayant fait un grand nombre de priſonniers, ils tirèrent beaucoup d'argent de leur rançon : car dès le commencement du ſiége, on était convenu de part & d'autre, de payer mille dragmes (un peu plus de 120 livres) pour un homme libre, & la moitié, pour un eſclave.

Démétrius, ſans être géomètre, avait un genie ſingulier pour l'invention des machines : il était preſque pour l'attaque des places, ce qu'Archimède avait été pour leur défenſe ; c'eſt ſur-tout au ſiége de Rhodes que ce Prince déploya à cet égard ſon intelligence meurtrière ; il commença par faire conſtruire deux forteresſes deſtinées à protéger ſes ſoldats, contre les pierres & les traits qu'on leur lançait; enſuite il commanda à ſes Architectes, des tours de bois, à quatre étages, dont la hauteur ſurpaſſait celle des fortifications du port. Chacune de ces tours fut posée sur deux vaisseaux enchaînés ensemble, afin qu'en voguant, elles conservassent le même niveau. Outre cela, il y avait dans le camp des assiégeans, ainsi que sur leur flotte, un appareil terrible de pierriers, de béliers & de catapultes.

Une tempête qui survint tout-à-coup, empêcha le premier jour la manœuvre des machines: mais, la nuit ayant amené le calme sur les flots, Démétrius en profita pour s'approcher sans être vû. A la pointe du jour, les Rhodiens observèrent avec effroi que l'ennemi s'était emparé d'une éminence, dans le grand port, qui n'était séparée que de cinq arpens de leurs murailles. Mais leur courage se mit au niveau du danger; ils détachèrent, contre la flotte, des chaloupes chargées de matières combustibles, qui embrasèrent une partie des machines: malheureusemenr la flamme avait été lancée sans précaution : elle prit aux brûlots mêmes, & l'équipage qui les montait, fut contraint de se jetter dans la mer, & de revenir dans l'isle, à la nage.

Les exploits mêmes des assiégeans, leur devenaient inutiles: quelques Officiers ayant escaladé le rempart, & s'étant jettés dans la place, y trouvèrent la mort avec la gloire. Démétrius, contre l'ordinaire des Conquérans, parut plus sensible à la perte de ces hommes généreux, qu'à la destruction de ses machines.

Quand les tours furent reparées, on les fit voguer vers le bassin du grand port. Mais, des Rhodiens déterminés, s'approchèrent malgré la grêle de traits qu'on lançait sur leurs galères, & à force de raser de près les proues des navires, qui soutenaient les tours, ils emportèrent les bandes de fer, dont elles étaient liées. L'eau s'introduisit dans les ouvertures, & les machines furent bientôt hors de service.

Démétrius qui voyait sa gloire compromiſe dans le peu de ſuccès de ce ſiége, redoubla d'activité & de génie, pour triompher des Rhodiens. Il imagina une nouvelle tour, trois fois plus haute & plus large que celles qu'on avait endommagées; mais, au moment où on la faiſait voguer vers le baſſin du port, un nuage noir qui enveloppait l'horiſon, s'ouvrit tout-à-coup, & un coup de vent la ſubmergea. Les Rhodiens, de leur côté, profitèrent habilement de ce déſaſtre; car, tandis que Démétrius, enchaîné ſur ſon vaiſſeau amiral, par la tempête, n'oſait envoyer des ſecours aux ſiens, ils ſe précipitèrent ſur toutes les avenues du port, taillèrent en pièces les cohortes chargées de protéger les tours flottantes, & firent priſonniers, quatre cens hommes.

La machine la plus célèbre dans l'antiquité, dont Démétrius fit uſage dans le ſiége de Rhodes, eſt ſon *Hélépole*. Voici la deſcription qu'en donne Diodore. On appellait Hélépolë, une tour quadrangulaire, dont chaque face avait cinquante coudées. La charpente était liée par des mains de fer & des poutres énormes posées, soit transversalement, soit en hauteur, & on avait ménagé vers le milieu de la base, un espace vuide pour ceux qui devaient mettre en mouvement la machine ; car elle était mobile en tout sens, sur huit roues qui la soutenaient. Les jantes de ces roues, épaisses de deux coudées, avaient des bandes de fer, proportionnées à leur volume, & leur axe tournait sur un pivot, de sorte qu'on pouvait donner à la machine, toutes les directions jugées nécessaires par l'Architecte.

Sur chacun des quatre angles, s'élevait une colonne de bois d'environ cent coudées de hauteur : elles étaient toutes inclinées graduellement les unes vers les autres, de sorte que l'édifice entier, formé de neuf étages, se terminait presque en pointe. On peut juger de cette inclinaison par le nombre des lits placés dans chaque étage. Celui qui touchait à la base, en contenait quarante-trois, & le plus proche du comble, n'en renfermait que neuf.

Le Prince avait fait revêtir trois des côtés de l'Hélépole de lames d'airain, pour ne laisser aucune prise aux matières inflammables qu'on pouvait lancer contr'elles, du haut du rempart. Deux rampes magnifiques conduisaient à chaque étage; l'une était destinée pour monter, & l'autre pour descendre; précaution nécessaire, pour prévenir, en cas de désastre, le tumulte & le désordre des rencontres (*a*).

(*a*) Plutarque a donné, de son côté, la description de l'Hélépole, qui ne se rapporte pas toujours avec celle de Diodore. » La base » de cette machine, dit le Philosophe de Chéronée, était quarrée, chacune de ses faces » avait quarante-huit coudées de large, & » soixante-six de haut, & elles allaient toujours en diminuant, de sorte que le comble » de l'édifice était beaucoup plus étroit que la » base. L'intérieur avait été divisé en plusieurs

On se doute bien, que malgré l'assemblage des roues & le jeu de leur

---

» étages, dont les fenêtres servaient à lancer » toutes sortes de traits. La machine entière » était portée sur quatre roues de huit coudées » de circonférence, & quand elle marchait, le » mugissement, formé par l'ébranlement de la » charpente, inspirait la terreur aux hommes » les plus intrépides «.

Le Chevalier Folard, dans le Traité *de l'Attaque des Places*, dont il a enrichi son Commentaire sur Polybe, s'est beaucoup étendu sur l'Hélépole de Démétrius; il y prouve, avec sa sagacité ordinaire, que la description de Plutarque n'a aucune autorité, quand on la met en regard avec celle de Diodore, mais il a tort, ce me semble, puisqu'il adoptait le récit du dernier Historien, d'avoir fait graver une Hélépole toute différente de la sienne. Je consens qu'il ait ajouté, à l'étage intermédiaire, les deux ponts-levis, destinés à s'abattre sur le parapet des murailles, ou sur la brèche; il est assez probable que l'Architecte de Démétrius les y avait placés, quoique l'Histoire n'en parle pas; mais, pourquoi le savant Commentateur double-t-il le nombre des roues, & multiplie-

axe, tournant sur des pivots, une si énorme machine n'était pas aisée à mouvoir. Aussi Démétrius avait choisi pour la faire rouler, trois mille quatre cens hommes des plus robustes de son armée, dont les uns en dedans, donnaient la direction nécessaire aux roues, & les autres tiraient en dehors, probablement avec des leviers, ce qui demandait, entre les soldats, beaucoup de concert & d'harmonie.

La marche d'une machine telle que l'Hélépole, demandait un terrein uni & une pente insensible. Démétrius employa tous les subalternes de sa ma-

---

t-il celui des étages ? Pourquoi n'observe-t-il pas la diminution graduée entre la base & le sommet ? pourquoi, sur-tout, retranche-t-il les quatre colonnes qui flanquaient l'édifice ? Voyez le *Polybe* du Bénédictin Dom Thuilier, tome 2, pag. 554. — Nous avons aussi fait graver l'Hélépole, mais ce n'est pas la machine du Chevalier Folard ; c'est celle de Diodore.

rine, à applanir un chemin de quatre ſtades de longueur, qui devait l'amener aux pieds des remparts. Quand cette énorme tour & toutes celles d'un autre genre, qui devaient la ſeconder, furent en place, on trouva que l'enceinte renfermait ſix courtines, & ſept baſtions des murs de Rhodes. L'Hiſtoire veut que le nombre des ſoldats employés à la conſtruction & au ſervice de toutes les machines du ſiége, montât à trente mille hommes.

Vitruve nous a conſervé le nom de l'Architecte de l'Hélépole. C'était l'Athénien Epimaque : mais, peu d'accord, ſoit avec Diodore, ſoit avec Plutarque, ſur les dimenſions de cette ſingulière machine, il veut qu'elle ait eu ſoixante pieds de large dans chacune de ſes faces, & cent vingt-cinq, d'élévation.

La Phyſique moderne a de la peine à expliquer la théorie des forces mouvantes de cette Hélépole, dont on eſtime le poids (en comptant les ſoldats qui la montaient) à environ dix mille milliers. En ſuppoſant autant de leviers, qu'il y avait de coudées aux faces de la machine, du côté de la baſe, il eſt évident que la tour ne pouvant être mue que par trois de ſes faces, on ne pouvait employer que cent cinquante leviers, pour l'amener aux pieds des murs de Rhodes : force, qui, eu égard au frottement des roues, paraît inſuffiſante pour donner même un commencement de mouvement à l'Hélépole.

Le Chevalier Folard a cru qu'on pouvait ſubſtituer aux roues, des cylindres placés tranſverſalement ſur une plate-forme, mais des cylindres de métal, les ſeuls que le poids de l'Hélépole n'aurait pu écraſer, ne pouvaient, à cauſe de leur volume énorme, être jettés en fonte, dans le peu de tems que l'Architecte de Démétrius mit à conſtruire ſa machine.

Les cylindres eux-mêmes ne rempliraient pas encore le but qu'on ſe propose, à cause de la difficulté de conserver leur parallélisme; en effet, n'éprouvant pas par-tout une pression égale dans toute leur étendue, ils auraient changé à chaque instant de direction, pendant la marche de l'Hélépole.

La force mouvante la plus simple & la plus ingénieuse, peut-être, qu'on eût pu imaginer, pour transporter l'Hélépole de Démétrius, serait celle qu'on a employée de nos jours, à amener dans la capitale de la Russie, le fameux rocher de granit, qui sert de base à la statue de Pierre le Grand. Ce rocher, qui, réduit au modèle donné par le Sculpteur, avait encore 37 pieds de long, 21 de large & 22 de hauteur, pesait, à l'époque du transport, trois millions de livres. Il était éloigné, d'une lieue & demie, de la Neva, où on devait l'embarquer; pour lui faire franchir cette distance, l'Ingénieur se servit de corps sphériques fixés entre deux parallèles. Après diverses expériences, sur la nature des métaux, dont ces corps ſphériques devaient être composés, il trouva que le cuivre amalgamé avec un peu d'étain & de la calamine, pouvait ſeul, réſiſter au poids énorme qu'il mettait en mouvement (*a*). D'après ces principes, il fit rouler ſon rocher ſur ſes globes de métal, & l'amena, du marais où il était enſeveli, aux bords de la Neva, dans l'eſpace de ſix ſemaines.

L'Hélépole de Démétrius, qui ne marchait ni à l'aide des cylindres, ni avec le ſecours des globes fixés entre des parallèles, fut très longtemps en route, avant d'arriver aux pieds des remparts de Rhodes. L'Hiſtoire fait entendre que ſon mouvement était ſi lent, malgré les trois mille quatre cents hommes qui la traînaient, qu'elle fut un mois entier à faire un ſeul ſtade. D'après

(*a*) Voy. *Monument élevé à la gloire de Pierre-le-Grand*, par le Comte de Carbury, pag. 13 & 27.

ce calcul, on voit que l'Hélépole aurait été plus de cinq ans à faire le trajet du rocher de Pétersbourg.

Démétrius joignit à l'Hélépole, d'autres tours moins formidables. Il y en avait une destinée à porter un bélier énorme, pour battre les remparts; c'est probablement le *Peridrome* d'Athénée, sur lequel Vitruve a exercé son génie observateur (*a*). On donnait ce nom à une tour de charpente, dont les poutres saillantes soutenaient autant de parapets qu'il y avait d'étages. Les gens de traits, placés sur ces parapets, écartaient l'ennemi de dessus les remparts, tandis que le bélier étendu transversalement vers la base, commençait la brèche. On ne pouvait rien imaginer de plus heureux que ces espèces de galeries tournantes, parce que le soldat, à couvert, tirait sans danger, derrière les crénaux,

(*a*) Lib. 10.

& que, des esclaves répandus dans les postes les plus exposés, s'occupaient à arracher les traits enflammés, & à éteindre les artifices. Peut-être employait-on les cylindres, pour faire mouvoir les Péridromes.

Dans l'intervalle de la construction de l'Hélépole & du transport de cette machine, aux pieds des remparts de Rhodes, le Sénat de la ville assiégée, avait ouvert l'avis de renverser toutes les statues d'Antigone & de Démétrius. Il trouvait absurde de conserver à des ennemis acharnés, les mêmes honneurs qu'aux Princes dont on avait fait l'apothéose. Le peuple, en cette occasion, se montra plus sage que ses chefs : il ne crut pas digne de son patriotisme, de punir du marbre ou de l'airain, du mal que lui faisaient les hommes, & il ordonna que ces monumens des arts, seraient respectés. Ce trait de grandeur d'ame fut sçu dans la suite de Démétrius, & peut-être contribua-t-il à la levée du siége.

La générosité des Rhodiens acquit encore à cette époque, un nouvel éclat, parce qu'on put la mettre en regard avec une perfidie des Généraux qui conduisaient le siége. Ceux-ci avaient tenté de corrompre la fidélité d'Athénagoras, Gouverneur de la place, & Démétrius, qui s'inquiètait peu de devoir la prise de Rhodes, à son or ou à ses machines, appuyait sourdement toute l'intrigue. Heureusement Athénagoras se connaissait en ruses de guerre. Il n'avait paru d'intelligence avec les émissaires de ses ennemis, que pour éventer le secret de leurs opérations militaires. Dès-qu'il eut toutes les lumières qu'il desirait, il alla lui-même rendre compte de tout le complot au Sénat; un ami intime de Démétrius fut pris dans un souterrein, par où il espérait faire filer des troupes, dans la place; & les Rhodiens décernèrent une couronne d'or, à leur Gouverneur.

Cependant le péril de Rhodes avait

enfin réveillé de leur léthargie, toutes les puissances alliées de cette République. Cassandre, Lysimaque & Ptolémée, lui envoyèrent, chacun de leur côté, des munitions de guerre & de bouche. La flotte du dernier qui portait trois cents mille mesures de bled, & qui entra dans le port malgré l'escadre ennemie, chargée d'en défendre les approches, réchauffa sur-tout le courage de ces braves Insulaires. Sûrs désormais, de n'être point vaincus par la faim, ils appréhendèrent moins l'effet des Péridromes & des Hélépoles

Démétrius, qui vit le peu de succès du blocus, déterminé à donner un assaut général, exposa aux yeux des assiégés, l'appareil formidable de ses machines : outre celles que nous avons décrites, il y avait deux tortues ou galèries couvertes, chacune de cent vingt coudées de long, bien garnies dans leur contour d'éparres de fer, & présentant un front semblable à la pointe d'un navire;

elles renfermaient d'énormes béliers, qui portaient leur coup à l'aide des forces réunies de mille hommes; ces tortues étaient destinées à battre les remparts, de concert avec le Peridrome.

Le jour fixé pour l'assaut, la flotte de Démétrius s'approcha du port. Les troupes de terre se répandirent le long des ouvrages qu'on pouvait battre, & au signal donné, on mit en jeu toutes les machines.

Les béliers abatirent, en peu de tems, la plus fotte des tours de la place, quoique composée en son entier de cubes de pierres de tailles, de quatre pieds en tout sens. La courtine suivit la chûte de la tour; mais, Démétrius n'osa pas conduire ses soldats à la brèche, avant qu'ils eussent nettoyé les remparts, de cet énorme amas de décombres.

Les Rhodiens attendirent la nuit pour se venger; ils avaient fait un amas prodigieux, soit de matières inflammables, soit de traits propres à les lancer: quand ils crurent l'ennemi enfermé dans ſes retranchemens, ils s'attachèrent à embraſer ſes machines. Une obſcurité profonde couvrait alors l'horiſon, ce qui rendait plus terrible encore l'effet de cette quantité de torches ardentes qu'on voyait voler à la fois, du haut des remparts; les aſſiégeans ſortirent de leurs lignes, & marchèrent ſans ordre, n'ayant pour ſe conduire que les traits enflammés qu'on décochait, ou l'incendie de leurs propres machines. Les tortues, le péridrome furent bientôt miſes hors de ſervice. L'Hélépole elle-même, qui, dans ſa marche avait vu ſe détacher pluſieurs des cercles de fer, deſtinés à lier toutes ſes parties, expoſée alors dans ſes ouvertures, à l'effet des torches ardentes, commençait à être la proie des flammes, lorſque Démétrius vint lui-même la dérober à l'incendie, & à force de bras & de leviers, la fit conduire à une certaine diſtance des murailles.

On peut juger de la vigoureuſe réſiſtance des Rhodiens, dans cette nuit terrible, par les huit cents traits à feu & les quinze mille javelots, que les aſſiégeans, à la pointe du jour, ramaſsèrent ſur le champ de bataille.

L'Hélépole fut réparée; Démétrius donna ordre de la conduire de nouveau du côté de la brèche; mais un Ingénieur de la ville avait, dans l'intervalle, ouvert une galerie ſouterreine, juſqu'à la route que devait prendre la machine. Le ſtratagême réuſſit; & quand l'énorme édifice arriva au terrein qu'on avait creuſé, ſon poids l'y enſèvelit, de façon qu'il ne fut plus poſſible de l'en retirer (*a*).

Démétrius, à qui la gloire était auſſi chère, que la liberté aux Rhodiens, ne ſe rébuta pas; réſolu de donner un aſſaut, par la brèche qu'avait faite ſes machines, il fit partir en ſilence, à l'entrée de la nuit, quinze cents hommes d'élite, ſe mit lui-même à leur tête,

(*a*) *Veget.* de re Milit.

& traversa, sans danger, le reste des décombres. On égorgea les sentinelles ; on passa au fil de l'épée les citoyens qui accoururent au tumulte, & peu à peu les quinze cents hommes pénétrèrent jusqu'au théâtre, dont ils occupèrent toute l'enceinte. Rhodes se crut un moment au pouvoir de son ennemi ; mais le jour étant venu éclairer le petit nombre de soldats, qui avaient franchi la brèche, les habitans s'encouragèrent à vaincre ou à mourir libres. Alors, il se livra un combat sanglant dans les avenues du théâtre. Le corps d'élite de Démétrius, fut obligé de céder au nombre, & de rentrer en désordre dans ses retranchemens.

Tel fut le dernier évènement mémorable de ce siége. Il y avait un an qu'il durait, & Démétrius n'était guère plus avancé, que le jour où il se présenta pour la première fois, devant les murailles. Son père lui écrivit alors qu'il pouvait traiter avec les Rhodiens, pourvû que ce fût d'une manière qui ne compromît point sa gloire ; & comme ce Prince ne faisait qu'avec répugnance une guerre cruelle, à des Républicains dont il estimait la bravoure, il se prêta sans peine aux premiers projets de conciliation qu'on lui fit parvenir. Le traité fut signé après un petit nombre de conférences. Il portait que Rhodes serait libre, qu'elle serait une ligue offensive & défensive avec Antigone, contre toute autre Puissance, que contre la Monarchie de Ptolémée. Cent otages, dont aucun n'était du nombre des Magistrats, furent envoyés au camp, comme garans de la foi publique, & Démétrius à l'instant leva le siége.

Démétrius, quoiqu'entouré de ses machines meurtrières, de ses péridromes & de ses hélépoles, n'avait point laissé de lui un souvenir odieux aux Rhodiens. Il avait toujours moins fait la guerre aux individus, qu'à la nation. Le trait surtout de Protogène, lui avait concilié la bienveillance d'un peuple enthousiaste des Arts. Ce fameux Peintre, dans le tems du siége, travaillait dans un des fauxbourgs de la ville, au tableau d'Ialyse (*a*), le chef d'œuvre de son pinceau. Le fauxbourg fut pris, & le tableau enlevé. A l'instant, les Rhodiens députèrent au Prince, pour le prier de ne point mutiler ce monument de génie. Démétrius répondit qu'il brûlerait plutôt tous les portraits de son père, que de détruire le chef-d'œuvre de Protogène. Le tableau d'Ialyse, fut transporté à Rome, & ajouté à toutes les dépouilles de l'univers. Mais, il périt dans un incendie, au second siècle des Césars.

Les Rhodiens libres, & jouissant du prix de leur valeur, ne furent pas ingrats envers les guerriers, dont le zèle avait éclaté pendant le siége. Ils décer-

(*a*) Héros de l'âge des fables, qu'on croyait fils de la Nymphe Rhode & d'Apolion.

nèrent des honneurs publics à leurs Magiſtrats ; ils affranchirent & accordèrent les priviléges de citoyens aux eſclaves qui avaient expoſé leur vie, pour les défendre. Les Rois alliés furent encore moins oubliés dans les témoignages de la reconnaiſſance publique. Caſſandre & Lyſimaque furent remerciés au nom de la nation, & on leur érigea des ſtatues.

L'Egypte, était de toutes les puiſſances confédérées, celle qui avait rendu à Rhodes les ſervices les plus éclatans. Rhodes, toute libre qu'elle était, adopta pour les reconnaître, l'adulation des Eſclaves ; elle députa en Lybie, pour demander à Jupiter Ammon, la permiſſion de faire un Dieu de Ptolémée : l'oracle, qui s'inquiètait peu de voir un intrus dans l'Olympe, pourvu qu'on le laiſsât lui-même régner en paix en Afrique, conſentit à l'apothéoſe : alors, on conſtruiſit dans la ville, un temple quarré, d'un ſtade à chaque face, qu'on appella *le Ptolémée*, où le Dieu de nouvelle création eut un culte & des Miniſtres, à l'égal de l'Ordonnateur des mondes.

DE LA VILLE DE RHODES, ET DE SON COLOSSE DU SOLEIL (a).

IL y a des Peuples, qui, aux yeux de la postérité, ne tiennent que par un fait à l'histoire générale du genre humain; telle est la république de Rhodes. Elle n'a eu qu'un moment brillant dans tout le cours de ses annales; c'est son siége, par Démétrius. Auparavant, elle n'existait guère, que par des Rois obscurs;

(a) *Plin.* Histor Natur. lib. 4, cap. 7, & lib 34 cap. 7; *Strab.* Geogr. lib. 14; *Aristid.* in Rhodiac.; *Isidor.* Origin. lib. 14, cap. 6. *Sextus Empir.* Hyppotip.

après, elle n'eut que des démêlés, sans éclat, avec les Puissances qui voulaient la subjuguer. Dans ce vuide de grands évènemens, occupons-nous des monumens que les Arts élevèrent dans Rhodes, & sur-tout de son fameux Colosse du Soleil.

Rhodes, bâtie pat Hippodame, Architecte célèbre, qui s'était déja fait une renommée par la construction du port d'Athènes, était disposée en forme d'amphithéâtre, à peu de distance de la Méditerranée. Ses temples, ses places, ses édifices publics annonçaient une ville destinée à avoir l'empire des Mers. Les anciens n'en parlent jamais qu'avec transport, même lorsque leur goût plus épuré, les rendait plus difficiles sur le rang qu'ils assignaient aux monumens de l'architecture, c'est-à-dire dans le beau siècle d'Alexandre.

Comme Rhodes, pour se concilier les Peuples dont sa politique avait besoin, avait adopté le grand principe des Phéniciens sur la tolérance universelle, presque tous les Dieux du monde connu, avaient des temples dans ses remparts. Les plus célèbres étaient ceux d'Isis & de Diane, le *Dionysium* ou basilique de Bacchus, & l'*Hélion*, ou temple du Soleil.

Les meilleurs Artistes de la Grèce, s'étaient plu à décorer ces grands monumens des chef-d'œuvres de leur génie. Parmi les tableaux de la première classe qui y étaient rassemblés, l'homme de goût distinguait le Ménandre d'Apelle, l'Ialyse de Protogène, & sur tout le Méléagre de Xeuxis, qui, frappé trois fois de la foudre, ne perdit rien, au rapport de Pline le Naturaliste, de la magie de son coloris.

La Sculpture ne cédait en rien à la peinture, ni pour la quantité, ni pour le choix de ses ouvrages. On comptait encore dans Rhodes, sous le règne de Trajan, trois mille statues, la plupart d'un travail achevé. Dans ce nombre, il y en avait cent une, d'une grandeur au-dessus des proportions naturelles. La cent unième était sans doute le fameux Colosse du Soleil.

» Le Colosse du Soleil, dit Pline le » Naturaliste, était l'ouvrage de Charès, » élève du grand Lysippe. Il avait de hau- » teur, soixante & dix coudées. Le Sculp- » teur fut douze ans à le terminer; & il y » employa trois cents talens (1,625,000 » liv. de notre monnaie); cette somme im- » mense était le produit de la vente des ma- » chines de guerre, que Démétrius avait » abandonnées aux Rhodiens, lorsqu'il » leva le siége de leur ville. Ce Colosse, » après avoir été debout, cinquante-six » ans, fut renversé par un tremblement » de terre. Mais, tout abbattu qu'il est, » il excite encore une admiration mêlée » d'effroi. Peu d'hommes peuvent em- » brasser son pouce; ses doigts ont plus » de volume que les Statues ordinaires. » Les crevasses de ses membres rompus, » ressemblent aux ouvertures des plus » vastes cavernes. On apperçoit encore » dans l'intérieur du corps des blocs

» énormes de rocher, dont le poids » était destiné à affermir ce monument » sur sa base.

Une autre tradition adoptée par Sextus Empiricus, voulait que Charès n'eût donné que le dessein du Colosse. A en croire ce sophiste, l'élève de Lysippe, se trompa sur le prix qu'il avait demandé aux Rhodiens, & se voyant dans l'indigence, avant d'avoir acheté tous les matériaux, de désespoir, il se donna la mort. Lachès, ajoute l'écrivain que j'analyse, fut vraiment l'auteur de cet ouvrage étonnant; on voyait encore au siècle des Antonins, le nom de cet Architecte, sur la base. La même inscription donnait quatre-vingt coudées de hauteur au Colosse du Soleil.

Le tremblement de terre qui renversa les plus beaux édifices de Rhodes, entraîna la chûte du Colosse; mais, quoique le Ptolémée, qui régnait alors en Egypte, offrît pour le relever, une somme d'argent bien plus considérable, que celle qu'on avait employée à le faire, il ne se trouva aucun Architecte, qui osât l'entreprendre. Le Colosse resta mutilé, jusques vers le milieu du septième siècle, de l'ère vulgaire, qu'un Général des Califes, le fit mettre en pièces & vendit l'airain dont il était composé, à un Négociant de Syrie, qui en chargea, suivant Cédrène, neuf cents chameaux, & suivant Constantin Porphyrogénète, trente mille, (comme si l'Empire entier des Califes pouvait fournir trente mille chameaux !)

Au reste, le Colosse de Rhodes, comme les Pyramides d'Egypte, comme le projet de ce mont Athos, qui devait être taillé en statue d'Alexandre, annonce moins le goût que l'imagination désordonnée des Architectes. Ce qui est colossal, est presque toujours hors de la nature : défions-nous de l'enthousiasme du moment que fait naître un ouvrage dont toutes les proportions sont gigantesques. Il n'est pas à comparer avec l'admiration réfléchie que produit un monument, où le génie ne s'est élevé qu'au niveau de la nature, tel que l'Apollon de Belvédère, le Moyse de Michel-Ange, ou le tombeau du Cardinal de Richelieu.

DE

LA RÉPUBLIQUE DE RHODES,

JUSQU'A CE QU'ELLE FASSE PARTIE DU MONDE ROMAIN (a).

RHODES, comme nous l'avons déja fait pressentir, après son fameux siége, survécut à sa gloire ; ainsi, nous ne devons que quelques coups de pinceaux rapides, au tableau de sa décadence.

Les vainqueurs de Démétrius furent quelque tems Souverains de la mer, &

(a) *Polyb.* lib. 4, 5, 13, 16, & *Legat.* Passim ; *Tit.-Liv.* lib. 31, 32, 33, 37 & 45 ; *Diod. Sicul.* in Except Valef. ; *Phot.* Bibliot. cod. 241 ; *Plutarch.* in Brut. ; *Appian*, in Mithrid.

ils profitèrent de leur prépondérance, pour ôter aux habitans de Byzance, leur commerce, ſur le Pont-Euxin.

Leur ambition commençait à adopter les projets les plus romaneſques, lorſque le tremblement de terre, dont nous venons de parler, renverſa leurs monumens avec leurs eſpérances. Envain, Hyéron, Antiochus, Pruſias, Mithridate, Ptolémée, & preſque tous les Souverains qui tenaient à la Grèce, par des intérêts politiques, ou par des alliances, envoyèrent à Rhodes, des ſommes immenſes, pour la revivifier. Ses richeſſes ne lui donnèrent point des hommes. Et ſi elle reſta encore libre quelques ſiècles, c'eſt qu'il ne ſe préſenta plus devant ſes remparts, un nouveau Démétrius.

L'alliance que les Rhodiens firent avec Attale, Roi de Pergame, leur valut une guerre avec Philippe, Roi de Macédoine, où ils auraient ſuccombé, ſi Rome n'était venue à leur ſecours. Rome avait beſoin de cette République, pour briſer l'orgueil des fucceffeurs d'Alexandre, bien fûre de brifer, à fon tour, l'orgueil de Rhodes, quand cette ville voudrait fe mefurer avec les Conquérans du monde.

Au refte, les Rhodiens, par les fervices qu'ils rendirent aux Romains, retardèrent long-tems l'effet de leur politique deftructrice; ils fe firent battre pour eux, dans leur guerre contre Antiochus. Il eft vrai que peu de tems après, ils reparèrent ce défaftre, en remportant une victoire navale fur la flotte du même Prince, commandée par le fameux Annibal.

A la paix, Rome qui ne craignait pas encore Rhodes, lui donna, pour récompenfe de fon zèle, la Lycie & la Pifidie, Provinces de l'Afie mineure, qui étaient à fa bienféance.

Les Rhodiens, dont l'orgueil croiffait en raifon de leur puiffance, traitèrent leurs nouveaux fujets, avec toute la rigueur du defpotifme. La Pifidie murmura en filence; pour la Lycie, elle envoya des Députés à Rome, qui, introduits dans le Sénat, s'exprimèrent ainsi : » Nous obéissions au Roi de Syrie, & » son joug pesait à notre courage ; » mais aujourd'hui nous le regrettons. » Rien n'égale la tyrannie avec laquelle » nous traitent les Rhodiens. Ils oppri- » ment à la fois la nation & les indi- » vidus. Nos patrimoines sont dévastés » par les brigands qu'ils nous envoyent ; » ils attentent à l'honneur de nos fem- » mes, & nous-mêmes, ils nous placent » sans cesse entre l'opprobre & l'échaffaut.

Les Romains écrivirent avec le laconisme, qui convenait à la majesté des protecteurs des Nations. » Rhodiens, » nous ne vous avons pas donné la Lycie, » pour la rendre esclave : songez que les » hommes que vous opprimez, en même- » tems qu'ils sont vos sujets, sont les » alliés du peuple Romain «. Cette lettre ne fit son effet que très-tard : car, dans le premier mouvement de leur colère, les Rhodiens ne satisfirent le peuple mur-

murateur, qu'en appéſantiſſant le joug qu'ils lui avaient impoſé; mais revenus enſuite à une politique plus éclairée, ils abdiquèrent la tyrannie, pour ne point rompre avec des alliés, qui ſemblaient n'attendre qu'un prétexte pour devenir leurs maîtres

La guerre de Perſée, fut ſur le point d'amener la rupture entre les deux Républiques. Rhodes portée à favoriſer une Puiſſance, qui, ſeule à cette époque, pouvait maintenir l'équilibre du globe, garda dans ſes ports la plupart de ſes vaiſſeaux de guerre, attendant le ſuccès du premier combat, pour ſe ranger du côté du vainqueur. Le Roi de Macédoine, à la première campagne, défit le Conſul Licinius, en Theſſalie. Alors, les ſuperbes Inſulaires, ſe croyant les arbitres de l'Europe, envoyèrent une Ambaſſade à Rome, moins pour demander la paix que pour l'ordonner. Le Sénat ne répondit à ce trait d'audace, qu'en faiſant lire devant les Ambaſſadeurs, un décret, qui rendait à la Lycie & à la Pisidie, leur indépendance.

Les Rhodiens, jouets d'une politique pusillanime, n'osant servir ni le Prince qu'ils aimaient, ni la République que leur orgueil avait irritée, retirèrent quelques vaisseaux de renfort, qu'ils avaient donnés à leurs anciens alliés, & restèrent neutres pendant tout l'intervalle de la guerre élevée entre Rome & la Macédoine.

Rome triompha enfin, & songea à punir Rhodes de sa neutralité : quand les Ambassadeurs de ces Insulaires, qui pressentaient les effets de son ressentiment, & qui avaient ordre de les prévenir, vinrent la féliciter sur ses victoires. » Nous » n'attendons point de félicitations, leur » dit le Consul, de la part d'un peuple » dont la fidélité nous est suspecte : votre » cœur était pour Persée, c'est à Persée » que vous devez faire vos complimens » de condoléance; partez : Rome n'ad- » met dans l'enceinte de ses murs que

» les Ambaſſadeurs des Etats, qui ont » droit à ſa bienveillance.

Les Rhodiens, frappés comme d'un coup de foudre, revinrent en habits de deuil, l'olivier à la main, & ſe proſternant devant les Sénateurs, ils leur demandèrent la paix. Preſque tous avaient juré la ruine de ces Inſulaires; mais Caton les ramena par cette harangue, digne de Marc-Aurèle.

» Qui ſommes-nous, pour uſurper les » droits des Immortels? Pourquoi chercher à lire dans le cœur des hommes, » pour y trouver des ennemis ſecrets? » N'avons-nous donc pas aſſez de ceux » qui ſont armés ouvertement pour nous » perdre? La défaite de Perſée, a été » ſenſible aux Rhodiens, je le ſçais; mais » il était de leur intérêt d'aimer le Pro- » tecteur de la Grèce. Eh! depuis quand » un peuple libre doit-il être puni de » ce qu'il cherche à l'être encore? Nos » armées menaçaient d'enval[ir] l'Orient; » la Macédoine ſeule, oppoſait une bar-

» rière à nos conquêtes. Rhodes alors, » a fait des vœux secrets pour le salut » de la Macédoine. Où est son crime? » Au reste, punit-on des vœux secrets, » à moins qu'on ne soit le génie du » mal? Cette République, dites-vous, » a demandé la paix du ton superbe du » commandement : que peut-on en con- » clure, sinon, qu'il y a en Europe un » peuple plus hautain que nous, & plus » impérieux? Le représentant d'un Etat » libre, s'est exprimé devant vous, avec » audace : eh bien! une parole peu me- » surée, est-elle un attentat que des tor- » rens de sang humain doivent expier? » Craignons, à force de faire redouter » notre joug, aux nations étrangères, » qu'il n'y en ait aucune, qui nous par- » donne notre supériorité. D'après ces » principes que l'équité la plus sévère, » ne peut désavouer, je suis d'avis qu'on » accorde aux Rhodiens, la paix & la » jouissance la plus tranquille de leur » indépendance.

Rome, dont Caton aurait mérité d'être, presque toute sa vie, le génie tutélaire, entra dans les vues de ce grand homme, & se contenta d'ôter aux Rhodiens les deux provinces de l'Asie mineure, qu'elle leur avait cédées, après la défaite d'Antiochus.

Dans la suite même, cette République, touchée des efforts que faisaient les Rhodiens, pour recouvrer sa bienveillance, remit leurs principaux citoyens en possession des terres qui leur avait autrefois appartenu en Lycie & en Pisidie; mais sans attenter à la liberté nationale de ces deux provinces. La reconnaissance de Rhodes se signala alors, par une statue de trente coudées, qui représentait Rome devenue la divinité du globe, & qu'elle érigea dans son temple de Minerve. Ce trait d'adulation, ramena la bonne intelligence entre les deux Etats, & Rome s'y prêta d'autant plus volontiers, qu'un peuple qui en adorait un autre, était évidemment subjugué.

Dans la guerre de Mithridate, avec les Romains, la politique des Rhodiens ne se démentit pas ; le Roi de Pont, furieux de voir la fidélité de ces insulaires à toute épreuve, équippa une flotte formidable pour les subjuguer ; mais une tempête dispersa une partie de ses vaisseaux, & quelques autres, dans une sortie de l'Amiral ennemi, furent brûlés ou coulés à fond. Le Monarque superbe, ne fut pas plus heureux au siége de Rhodes ; il vit couler à fond ses sambuques, &, découragé par ce premier échec, il leva le siége, avec bien plus d'ignominie que Démétrius.

Les guerres civiles de Rome, où Rhodes eut la faiblesse orgueilleuse de prendre parti, causèrent sa ruine. Cassius vint punir cette ville d'avoir arboré les drapeaux de César ; il remporta sur ses Amiraux deux victoires navales, &, quoique pour prévenir les horreurs d'un siége, elle lui eût ouvert ses portes, il la traita comme une place prise d'assaut. Vingt-cinq des

Républicains les plus déterminés, qui avaient pris la fuite à son approche, furent proscrits, & cinquante de leurs partisans envoyés au supplice.

Le farouche conquérant, non content de cette barbarie, ordonna à tous les habitans, sous peine de la mort, de lui apporter l'or & l'argent qu'ils possédaient en numéraire. Quelques-uns obéirent, d'autres cachèrent leurs trésors; mais ceux-ci ayant été dénoncés & conduits à l'échaffaut, tout le monde céda à la violence. Cette dernière contribution, valut seule à Cassius, huit mille talens, qui montent à plus de quarante-trois millions.

L'enlèvement des statues, suivit de près celui de l'argent monnoyé. On ne laissa, aux vaincus, que leur colosse, mutilé & renversé; aussi Cassius se vantait-il d'avoir dépouillé les Rhodiens de tout, excepté de leur soleil.

Rhodes ne se releva jamais d'un pareil désastre. Envain Marc-Antoine rendit-il à cette ville ses anciens priviléges; comme elle n'avait plus ni vaiſſeaux dans ſes ports, ni hommes dans ſes remparts, on ne fit, en l'appellant libre, que dorer le joug qu'on lui impoſait à jamais.

La chronologie de Rhodes, qui ne ceſſe d'être conjecturale, que vers le tems de la diſſolution de ſa monarchie, ſe réduit à un très-petit nombre d'époques, pour l'Hiſtorien Philoſophe.

Cette ville, s'il en faut croire la chronique d'Euſèbe, ne commença à avoir une marine puiſſante, qu'à l'an *666* de l'Ere de Paros.

Les monumens atteſtent que Rhodes était déja République, au tems de l'invaſion de Xerxès; alors on peut faire remonter l'époque mémorable de ſa liberté, à la première année de la ſoixante & quatorzième Olympiade, qui répond à la 1098e de l'Ere que nous adoptons; c'eſt l'année fixée par les Hiſtoriens, pour la naiſſance d'Hérodote.

Le ſiége de Rhodes fut levé par Démétrius, 180 ans après, c'eſt-à-dire la première année de la cent dix-neuvième Olympiade.

Enfin, ce fut à la fin de l'an 1539, ou 43 ans avant l'Ere vulgaire, que Caſſius vint, en ſaccageant cette ville, anéantir les veſtiges de ſon ancienne République.

HISTOIRE DE SAMOS.

L'ISLE de Samos, séparée par un petit bras de mer du continent de l'Aſie, auquel elle tenait dans les tems primitifs, n'a qu'une Hiſtoire vague & mutilée, juſqu'à la tyrannie de Polycrate. Cependant, les monumens que renfermait ſa capitale, & dont les ruines ſubſiſtent encore, annonceraient un tems, où la ſplendeur de cet Etat, pouvait égaler celle des premières villes du Péloponèſe.

Hérôdote comptait trois merveilles dans l'ancienne Samos (*a*); un Mole de

(*a*) Lib. 3.

vingt toises de hauteur, & de cent cinquante pas de long, jetté dans la mer, pour prévenir ses ravages; un Aqueduc au travers d'une montagne, percée dans l'étendue de huit cents soixante-quinze pas; & sur-tout un Temple de Junon, d'une enceinte immense, qui renfermait les chef-d'œuvres de la Peinture & de la Sculpture. On pourrait joindre, à toutes ces merveilles, les remparts même de Samos, dont les débris ont paru, à un Voyageur éclairé, *ce qu'il y a de plus superbe en Orient* (a). Le fossé, qui en défendait les approches, avait été taillé dans le roc vif, par des captifs de Lesbos; toutes les tours étaient de marbre, & les murailles, qui avaient entre dix & douze pieds d'épaisseur, étaient formées aussi d'énormes quartiers du même marbre, taillé à facettes comme des diamans. On

(a) *Tournefort*, Voyage du Levant, tome 1, pag. 117.

ne trouve point une pareille magnificence dans Perſépolis ou dans Babylone.

Le temple de Junon, la Divinité tutélaire de Samos, avait éprouvé pluſieurs révolutions, avant de devenir le ſanctuaire des arts, ſous le beau ſiècle d'Alexandre. Originairement, quand il ſut bâti par les Argonautes (*a*), il conſiſtait en quatre murailles groſſières, ſans périſtyle, ſans colonnes & ſans voûte. La ſtatue même de la Déeſſe n'était qu'une planche (*b*), dont les contours informes donnaient une idée vague de l'architecture du corps humain. Les Prêtres, qui deſſervaient ce temple, tirèrent parti de l'antiquité de ce monument; ils commencèrent par répandre ſourdement le bruit, que Junon elle-même était née ſous un de ces arbres que les Naturaliſtes appellent *Agnus Caſtus*, & qui, en effet, croiſſent en grand

(*a*) *Pauſan.* in Arcad.

(*b*) *Clem. Alex.* Strom. lib. I.

nombre dans l'Archipel ; cette tradition religieuſe, une fois enracinée, ils montrèrent, dans le temple, le pied même de l'Agnus Caſtus ſacré, ce qui, dans la logique de la ſuperſtition, prouvait évidemment que les Dieux naiſſent ſous les arbres. Les prodiges vinrent enſuite à l'appui de ce conte ſacerdotal. On aſſura, en particulier, que des pirates Tyrhéniens, ayant voulu enlever la ſtatue de Junon, devenue le Palladium de Samos, n'avaient jamais pu mettre à la voile, qu'après avoir rendu l'idole, & expié leur ſacrilége (*a*). Le Gouvernement, qui ne croyait pas à ces fables, les ſoutint par politique, afin que ſous prétexte de pélerinage, Samos devînt un jour le centre du commerce de l'Archipel.

Quand le culte de la Déeſſe née ſous l'Agnus Caſtus fut accrédité, on lui érigea un temple ; plus digne de l'hommage de

---

(*a*) *Athen.* Deipnoſoph. lib. 15.

ſes adorateurs ; le Sculpteur d'Egine, Smilis, contemporain de Dédale, vint ſubſtituer, à la planche façonnée en Junon, une vraie ſtatue ; alors les dons des Rois, & les offrandes de la multitude affluant à Samos, ſervirent à enrichir ſes Prêtres, & à donner une marine à ſon gouvernement.

Ce ſecond temple, bâti dans un âge intermédiaire, fut brûlé par les Perſes, & on en éleva un troiſième de la plus grande magnificence. C'eſt celui qu'Hérodote appellait une des merveilles du monde. Le premier Peintre dont on emprunta le pinceau pour le décorer, y expoſa les amours de Jupiter & de Junon, preſque ſans voile (*a*), ce qui, peut-être, prouvait moins le cyniſme de l'Artiſte, que la naïveté des mœurs du tems. Parmi les ſtatues dont le portique du temple était enrichi, on admirait, ſur-tout, un

---

(*a*) *Origen.* Contr. Celſ. lib. 4.

groupe de trois coloſſes, réunis ſur la même baſe, un des chef-d'œuvres de Myron, le rival de Phidias. Ce monument de génie fut enlevé par Marc-Antoine, dans la guerre du ſecond Triumvirat; mais Auguſte, après avoir pacifié la terre, rendit à Samos deux ſtatues de ce groupe, qui étaient l'Hercule & la Minerve, & garda la troiſième, qui repréſentait Jupiter, pour en faire un des ornemens du Capitole.

On ne ſait rien ſur l'origine de la population de Samos, ſi ce n'eſt que des Thraces vinrent, à une époque incertaine, y fonder une colonie (*a*). De-là, juſqu'à ce que Nilée vint bâtir ſa capitale, l'iſle ne fut connue que par la chaumière ſacrée de Junon, & par le roman de ſa naiſ-

(*a*) *Strab.* Geogr. lib. 10; le même Géographe, dans le livre 14, en attribue l'honneur, d'abord aux Cariens, enſuite aux Inſulaires d'Ithaque & de Céphalenie.

ſance. Ce Nilée eſt le héros de l'Ionie, qui bâtit tant de villes le long des côtes de l'Aſie mineure, l'an 506 de l'Ere de Paros.

Trois cents ſoixante-douze ans après, c'eſt-à-dire trois ſiècles avant la fin de la guerre du Péloponèſe (pour me ſervir des termes de Thucydide (*a*), Samos, qui tenait un rang dans la confédération des villes Ioniennes, avait déja une marine. Ce fut le Corynthien Aminoclès, le plus habile Artiſte de ſon tems, qui lui conſtruiſit les quatre premiers navires, avec leſquels elle fonda ſon commerce ſur la Méditerranée. Ses progrès furent immenſes; & bientôt elle put ſe paſſer, pour s'enrichir, de ſon Agnus Caſtus ſacré, & des fables Mythologiques de ſes Prêtres.

Cependant l'hiſtoire de Samos, depuis la fondation de ſa capitale juſqu'à la tyrannie de Polycrate, eſt vague & ſans

(*a*) *Hiſt.* lib. 1.

évènemens. Cette isle eut quelques Rois qui l'opprimèrent obscurément; elle passa ensuite au pouvoir d'un petit nombre d'Aristocrates, connus, (dans le pays du moins) sous le nom de Géomores. Ce Gouvernement fit place à la démocratie, qui, peu affermie sur sa base, fut renversée à son tour par le machiavélisme de Syloson.

Syloson, le Pisistrate de Samos, voyant ses concitoyens sur le point de commencer une guerre, dont le succès était incertain, leur conseilla, pour gagner la bienveillance de Junon, de se rendre tous dans son temple, qui était situé hors des remparts. Pendant que la multitude crédule s'acheminait ainsi vers l'édifice sacré, lui-même, à la tête de ses satellites, se rendit maître du port & de la citadelle (*a*); les Samiens, qui étaient entrés libres dans le temple de Junon, en sortirent esclaves.

(*a*) *Polyen.* Stratag.

L'Isle, après la mort de Sylofon, fe gouverna quelque tems fous la forme de République, enfuite Æaque la remit fous le joug. Cet Æaque, peu connu par lui-même, fut le père de Polycrate, le feul Samien qui mérite, avec Pythagore, de figurer un moment dans une Hiftoire des Hommes.

TYRANNIE DE POLYCRATE (a).

POLYCRATE, comme Auguste & Cromwel, joignit le bonheur au génie des tyrans. Né avec de grandes richesses, il les fit servir, dès son adolescence, à acheter la bienveillance du peuple qu'il voulait asservir. Son ame souple se prêtait à tous les rôles que son ambition avait à jouer ; services & violences, crimes & exploits, il employait tout indifféremment pour parvenir à ses fins, & quand

(a) *Herod.* lib 3 ; *Pausan.* in Attic. ; *Plin.* lib. 33 & 37 ; *Strab.* lib. 14 ; *Polyen*, lib. 1 ; *Athen.* Deipnosoph. lib. 12.

le ſentier qu'il ſe frayait était trop difficile, la Fortune, qui ſemblait veiller auprès de lui, ſavait le lui applanir. Il eſt heureux, pour la terre, que le théâtre où il déploya ſes exploits fût circonſcrit : car, s'il avait eu Rome ou Perſépolis à gouverner, ſon ambition, heureuſe & cruelle, aurait fait une plaie profonde à l'epèce humaine.

Polycrate avait deux frères, avec qui il concerta le projet d'uſurper le pouvoir ſuprême. L'exécution du complot ſuivit de près l'idée qu'il en fit naître. Un jour où le peuple célébrait, avec pompe, la fête de Junon, ſa divinité tutélaire, les conjurés ſe préſentèrent, à la tête d'un petit nombre de ſoldats, & ſe rendirent maîtres des remparts de la ville & de la citadelle. Une tradition ancienne veut que Polycrate ne trouva que quinze complices dans Samos, & le bon Hérodote en conclut qu'il fallait que le patriotiſme fût bien enraciné dans la ville, pour qu'on n'y rencontrât que quinze artiſans des discordes publiques. Pour nous, nous en concluons qu'il fallait que le patriotisme eût bien peu d'énergie, pour qu'une ville puissante se laissât subjuguer par quinze hommes. Car Polycrate, de ce moment, régna, & serait mort dans son lit, s'il ne s'était pas brouillé avec la Perse.

Le tyran avait promis, à ses frères, si le complot réussissait, de partager l'isle entière avec eux : il tint sa parole, tant qu'il vit du danger à y manquer. Mais aussi-tôt que, par l'affermissement de son pouvoir, il put être scélérat impunément, il bannit le moins intriguant, & fit mourir celui qui lui faisait le plus d'ombrage.

Polycrate, devenu odieux à ses concitoyens, songea à étayer sa couronne incertaine par des alliances. Amasis étendait alors, sur l'Egypte, le sceptre de fer qu'il avait usurpé. Les deux tyrans firent entr'eux une ligue offensive & défensive contre leurs peuples, & il y eut des Poètes assez lâches pour applaudir à cette espèce de conjuration contre le bonheur des hommes.

Le tyran de Samos, dont le génie était aussi actif que destructeur, affermi désormais sur son trône, songea à se faire un nom dans la postérité, par la gloire meurtrière des conquêtes ; il équipa une flotte de cent galères, avec laquelle il subjugua quelques villes de l'Asie mineure, & la partie de l'Archipel, qui était à sa convenance. Alliés ou ennemis, il n'épargna aucun des peuples qu'il avait rangés dans sa liste fatale de proscription, & Lesbos ayant tenté de lui résister, il vainquit ses habitans, & employa les prisonniers qu'il fit dans toute la campagne, à creuser, dans le rocher, un fossé immense autour des remparts de sa capitale.

Amasis apprit, à Memphis, la prospérité des armes de Polycrate : il écrivit alors, au tyran, une lettre, dont la philosophie contraste assez avec son caractère : elle nous a été transmise par Hérodote.

» J'apprends, avec joie, la nouvelle » des conquêtes de Polycrate, mais sa » prospérité constante alarme mon amitié. Les Dieux n'aiment pas assez les » hommes, pour leur accorder un bon» heur sans mêlange. J'avoue que si j'étais » à la place du Souverain de Samos, j'ai» merais mieux un enchaînement varié » de succès & de revers. C'est une tra» dition assez généralement reçue, que » l'homme qui a été heureux pendant » tout le cours d'une longue vie, voit » une mort tragique terminer sa carrière. » Je n'ai qu'un conseil à donner à Poly» crate, c'est de voir quel est l'objet qui » lui est le plus cher, & dont la perte » lui donnerait plus de regrets, & de » s'en défaire volontairement, afin de » rendre inutile le présage sinistre qui » résulte de son éternelle prospérité «.

Polycrate, à la lecture de cette lettre, sentit la justesse de l'observation philosophique, &, justement alarmé sur un avenir, qu'il ne voyait qu'avec les yeux du remord, résolut de faire usage du conseil de Pharaon. Heureusement qu'il n'avait ni fils, ni épouse à immoler à ses terreurs. Une émeraude semblait alors l'unique objet de ses complaisances. C'était une pierre d'un prix infini, qu'il avait fait enchâsser dans un cercle d'or, & sur laquelle il avait fait graver son cachet. Il la prend en silence, monte une galère à cinquante rames, & s'étant éloigné de la vue de Samos, il la jette au milieu de la mer; tranquille ensuite sur sa destinée, il rentre dans son palais, & y passe une nuit calme; si cependant un tyran, même heureux, peut dormir d'un bon somme.

Peu de jours après, un pêcheur, qui avait pris un poisson d'une taille monstrueuse, le crut digne de la table d'un Roi, & en fit présent à Polycrate. On ouvrit ce poisson pour l'apprêter, & on y trouva l'émeraude. Le tyran pâlit en apprenant cet excès de bonheur, & demanda conseil à Amasis; mais le Pharaon, pour toute réponse, rompit avec lui, déclarant qu'il ne voulait pas être enveloppé dans l'orage qui s'apprêtait à fondre sur la tête de Polycrate.

Polycrate marcha cependant encore long-tems de crime en crime & de victoire en victoire : ayant fait alliance avec Cambyse, il envoya quarante galères à ce Prince, pour tenter la conquête de l'Egypte : il avait pris la précaution de les faire monter par tous les citoyens de Samos, dont la fidélité lui était suspecte, & il pria le successeur de Cyrus, quand ils auraient été les satellites de ses fureurs, de faire ensorte qu'aucun d'eux ne revînt dans sa patrie. Cet abominable secret fut éventé, avant qu'on pût le mettre à exécution. Les républicains de Samos, se voyant gardés à vue dans le camp qu'ils étaient venu défendre, soupçonnèrent un complot entre les deux tyrans, & remontèrent sur leurs navires. Polycrate, dont la scélératesse était à toute épreuve, consomma, l'épée à la main, l'ouvrage ténébreux de la perfidie; il alla à la rencontre de cette troupe fugitive, la vainquit, & força ceux qui furvécurent au carnage, de chercher un afyle dans Lacédémone.

Les Spartiates, qui étaient encore, à cette époque, les vengeurs de tous les opprimés, vinrent mettre le fiége devant Samos; mais, fatigués par les forties heureufes des habitans, déconcertés par le génie de Polycrate, voyant leurs Généraux fans vie, ils fe retirèrent au bout de quarante jours, & rentrèrent dans le Péloponèfe. On prétend que le tyran acheta la retraite des affiégeans, moyennant une fomme confidérable, & qu'au moment de remplir le traité, il la paya en fauffe monnaie : l'adulation hiftorique n'a cité ce trait que comme une preuve du bonheur de Polycrate.

Enfin, le preffentiment d'Amafis fe juftifia, & Samos vit rompre le fil auquel tenait le bonheur de Polycrate. Il y avait, en Lydie, un Vice-Roi de la Perfe, nommé Oretès, qui, jaloux de terminer des querelles de limites avec ses voisins, envoya un Député au tyran de Samos. Celui-ci s'entretenait avec Anacréon, quand le Perse arriva : enivré de l'encens ingénieux du Poète, il ne daigna pas répondre à l'Envoyé du Vice-Roi, ni même le regarder; le superbe Oretès fut blessé, jusqu'au vif, d'un pareil dédain, & jura la perte de Polycrate.

Ce fut par une perfidie que le Satrape se vengea. Comme il voulait se rendre maître des Etats & de la personne de Polycrate, sans tenter les hasards d'un combat, il offrit, au tyran, de grandes sommes d'argent, pour l'aider à acheter l'Empire de la Grèce. L'unique condition qu'il mettait à ce bienfait, était que Polycrate viendrait retirer lui-même le trésor qui lui était destiné. Le Despote de Samos, aveuglé par son ambition, ne soupçonna, dans l'étrange proposition d'Oretès, aucune perfidie; il s'embarqua pour Magnésie, où résidait alors le Satrape : mais à peine fut-il defcendu de fon vaiffeau, que les fatellites d'Oretès l'enchaînèrent, & le firent périr par le fupplice de la croix.

C'eft ainfi que Polycrate expia les horreurs de fon règne. Hérédote, accoutumé à fe jouer des faits & des renommées, dit qu'*une pareille mort était indigne d'un fi grand homme*.

Le grand homme d'Hérodote mourut, fuivant Pline (*a*), l'an 230 de la fondation de Rome, qui répond à l'an 1059 de l'Ere de Paros, ou à la feconde de la foixante-quatrième Olympiade.

(*a*) *Hiftor. Natur.* lib. 33, cap. 1.

DE

PYTHAGORE.

CE fameux contemporain de Polycrate naquit à Samos, à une époque peu reculée du tems où le second Zoroaſtre étonnait l'Orient par ſes preſtiges, & où Confutſée l'éclairait par ſes ouvrages. Dès l'âge de dix-huit ans, dévoré de l'envie de tout connaître, & ne trouvant perſonne, dans ſa patrie, qui fût digne d'être ſon maître, il réſolut de parcourir une partie du globe, & de mettre à contribution tous les ſages du monde connu, pour acheter le droit d'interpréter aux hommes le livre de la Nature.

Pherécyde l'arrêta quelque tems dans l'iſle de Scyros; c'eſt lui qui commença à développer en lui les germes du théiſme, & qui, à force de le faire rêver ſur l'immortalité, jetta, dans ſon eſprit, le fondement du dogme de la métempſycoſe.

Il alla, à Sparte, étudier la légiſlation de Lycurgue; en Crète, conſulter Epiménide; à Babylone, apprécier la perſonne de Zoroaſtre; & en Egypte, déchiffrer les hiéroglyphes, où les Prêtres d'Héliopolis avaient renfermé la ſcience univerſelle.

On croit, mais ſur une tradition très-ſuſpecte, que le ſéjour de ce Philoſophe en Egypte fut de vingt-cinq ans; ſans doute qu'indigné des fers que Polycrate avait donnés à ſa patrie, il s'en bannit tout le tems de ſon règne, pour n'avoir point à reſpirer le même air que les tyrans. Pendant qu'il fréquentait les Prêtres d'Héliopolis, il eut envie de connaître les fameux myſtères d'Iſis, & pour avoir les bonnes graces de l'Hyérophante, il fut obligé de ſe faire circoncire (*a*).

(*a*) *Clem. Alex.* Stromat. lib. 1.

Ce fut probablement dans ſon initiation aux myſtères Egyptiens, que Pythagore deſcendit aux Enfers, & qu'on lui fit voir l'ame d'Héſiode attachée à une colonne d'airain, & celle d'Homère pendue à un arbre, pour les punir d'avoir écrit des blaſphêmes ſur la nature des Dieux.

Pythagore paſſa pluſieurs années dans l'Inde ; c'eſt-là qu'il mit la dernière main à ſon grand ſyſtême de l'échelle des êtres, de la ſenſibilité univerſelle, & de la métempſycoſe.

De retour de ſes voyages, il vint s'établir à Crotone, & donna, à ſes habitans, des mœurs & des loix.

Il eut un grand nombre de diſciples ; mais pour en avoir le titre, il fallait ſubir le plus rigoureux des noviciats : on était cinq ans ſans parler ; au bout de ce terme, on acquérait le droit de communiquer ſes doutes au maître, ou d'éclaircir ceux des profanes.

La communauté des biens était établie

parmi les élèves de Pythagore ; l'orgueil des fortunes, ainſi que celui des rangs, diſparaiſſait devant le Sage de Samos, & il n'y avait que la ſupériorité d'intelligence qui pût établir quelque diſtinction dans cet ordre religieux de Philoſophes.

Cependant, on ne faiſait point de vœux en entrant chez ces illuſtres cénobites ; mais lorſqu'un Pythagoricien, laſſé de ne vivre que pour ſe vaincre, rentrait dans le monde, les autres le regardaient comme mort pour la vertu, & ils lui érigeaient un tombeau, mais ſans maudire ſa mémoire.

Pythagore paſſait pour infaillible dans ſon Académie ; mais il ne ſe diſait point inſpiré : ſes oracles partaient tous d'une raiſon éclairée, & non de cet enthouſiaſme que produit le délire des ſens : il liſait dans l'avenir, en calculant les probabilités humaines, & non en montant ſur un trépied ſacré, ou en obſervant le cours des étoiles.

On a dit qu'il avait changé des fèves

en ſang ; qu'il s'était fait ſaluer par le fleuve Neſſus, & qu'il avait paru avec une cuiſſe d'or aux jeux Olympiques ; mais tous ces contes partaient d'un peuple ſtupide, qui ne croyait pas que le Sage pût exiſter ſans prodiges, ou de ſophiſtes jaloux, qui ne le relevaient que pour le rendre ridicule.

Pythagore parvint à l'âge de 90 ans, mais ne mourut pas dans ſon lit. Il avait refuſé d'admettre, au rang de ſes diſciples, un nommé Cylon, le Catilina de Crotone, par la vigueur de ſon caractère, & par ſa ſcélérateſſe : celui-ci, pour ſe venger, mit le feu à la maiſon où le Sage tenait ſon Académie ; il ne ſe ſauva, de l'incendie, que trois hommes, du nombre deſquels était Pythagore. Ce grand homme, voyant que la loi ſe taiſait ſur ce grand crime, & preſſentant l'ingratitude d'une ville, dont il avait été vingt ans le dieu tutélaire, ſe retira à Métapont, choiſit, pour ſon aſyle, le temple des Muſes, & s'y laiſſa mourir de faim.

Pythagore écrivit beaucoup (*a*), mais il ne nous reste de lui qu'un petit nombre de vers, & quelques fragmens épars dans les Historiens de l'antiquité.

Sa Physique était celle de son tems; c'est-à-dire l'art de déraisonner sur les phénomènes de la nature : il croyait, par exemple, que les morts, en se rassemblant, produisaient les tremblemens de terre, & que le Nil n'avait d'autre source que l'arc-en-ciel (*b*).

Pour sa morale, elle dérivait du théisme, & y ramenait sans cesse.

Socrate, le grand Socrate, se faisait gloire d'avoir adopté cette morale sublime de Pythagore.

Trois Législateurs célèbres en firent la base des institutions politiques qu'ils donnèrent aux nations. Charondas la porta, à Thurium; Zaléucus, à Locres, &

(*a*) Voyez la liste de ses ouvrages dans Diogène Laërce *vit. Pythag.*

(*b*) Elien, *Histor. Divers.* lib. 4, cap. 17.

Xamolxis, chez les Thraces; Rome même en fit le fondement de ses douze tables : aussi quand il fut question, dans cette ville célèbre, d'honorer la mémoire du plus vaillant & du plus sage des hommes, on s'accorda à y ériger des statues à Alcibiade & à Pythagore.

RÉVOLUTIONS
OBSCURES
DE SAMOS.

FIN DE SON HISTOIRE (a).

SAMOS, comme je l'ai dit, n'a que deux hommes à citer dans ſes annales, Pythagore & Polycrate. Après la mort du dernier, Méandre ſon Secrétaire s'empara du pouvoir ſouverain, mais pour rendre la liberté à ſa patrie; des eſprits turbulens voulurent le punir de ſa grandeur d'ame; alors il reprit l'autorité qu'il venait d'abdiquer, & il la

(a) *Herod.* lib. 3; *Thucyd.* lib. 1; *Diod. Sicul.* lib. 12; *Plutarch.* in Pericl.

conserva jusqu'à ce que la Perse, intervenant dans les affaires de la Grèce, il se vit contraint de céder sa couronne à Syloson, frère de Polycrate.

Cette révolution, au reste, ne s'opéra qu'avec des torrens de sang humain. Otanes, chargé, par Darius, de rendre Samos à Syloson, passa au fil de l'épée le plus grand nombre de ses habitans, pilla les maisons, brûla les temples, & ne laissa pour appanage au nouveau Roi, qu'un vaste désert.

Syloson, presque sans sujets, osa encore en être le tyran. Æaque, son successeur, ne respecta pas plus les droits de la nature humaine, & il en fut puni par Aristagore de Milet, qui lui ôta sa couronne; le tyran dépouillé, appella les Perses, pour se venger. Alors les chefs des infortunés Samiens, n'ayant plus de patrie, allèrent en Sicile, s'emparèrent de la ville de Zancle, & y fondèrent un petit Etat, dont la prospérité excita la jalousie des tyrans de Syracuse.

Æaque rétabli dans Samos, à condition qu'il ne ferait qu'un Satrape de la Perse, resta fidèle à ses protecteurs. Comme le trône & la lâcheté étaient héréditaires dans cette famille, Théomestor, le successeur d'Æaque, servit Xerxès dans sa fameuse expédition contre la Grèce, & il ne tint pas à lui, qu'il ne restât pas un seul homme libre dans le Péloponèse & dans l'Archipel.

La défaite des Perses, à Mycale, renversa la double tyrannie que Samos éprouvait de la part de ses maîtres & de ses protecteurs. Cette ville, devenue libre, fit une alliance particulière avec Athènes, &, grace à ses conseils, recouvra peu à peu son ancienne splendeur. Mais après trente-sept ans de paix, ayant offensé Périclès, qui, à cette époque, tenait dans ses mains les destinées de la Grèce, ce Héros d'Athènes vint, avec une flotte de quarante galères, investir l'isle, s'empara de la capitale, & changea le Gouvernement des nobles en Démocratie.

A peine le vainqueur fut-il parti, que des factieux vinrent détruire son ouvrage. Avant d'éclater, ils avaient fait épouser leur querelle aux Phéniciens, ce qui les rendit formidables : Périclès, qui ne regardait plus Samos que comme un asyle de rebelles, vint pour châtier cette ville; mais la fortune l'abandonna tout-à-fait; & après avoir vu son camp pillé par un ennemi vainqueur, il fut obligé de lever le siége de la place.

La campagne suivante, Samos échoua, à son tour, contre le génie de Périclès; après neuf mois de siége, elle fut contrainte de capituler; on l'obligea à détruire elle-même ses murailles, à livrer sa flotte, & à compter son isle au nombre des provinces de l'Empire d'Athènes.

De ce moment, Samos désarmée, sans population & sans marine, devint la proie du premier conquérant qui se présenta devant ses remparts.

Les victoires de Lysandre la firent passer sous la dépendance de Lacédémone ; Tigrane, un des Satrapes de l'Asie mineure, l'asservit au joug de la Perse. Timothée la rendit à Athènes. Les Rois de Pergame l'ajoutèrent à leurs domaines, & enfin Attale, le dernier de ses Souverains, ayant eu la lâcheté de léguer ses peuples aux Romains, les déprédateurs du monde, en vertu de ce testament, mirent Samos, ainsi que Pergame, au nombre de leurs conquêtes.

La mort d'Attale, & le transport de Samos aux Romains, est de l'an 1448 de l'Ere de Paros, qui répond à la dernière année de la cent soixante-unième Olympiade.

DES DÉTAILS HISTORIQUES, QUE L'ANTIQUITÉ NOUS A CONSERVÉS, SUR LES DEUX ARCHIPELS GRECS, DE L'ASIE MINEURE ET DE L'EUROPE.

Nous nous sommes étendus sur les seules isles du monde Grec, qui méritent de fixer les regards des siècles ; sur la Crète, sur Chypre, sur la Sicile, sur Rhodes & sur Samos (a) ; nous n'avons

(a) Voyez, pour la Crète, le tome 3 de cette Histoire de la Grèce, pag. 122 ; pour l'isle de Chypre, le tome 7, pag. 63 ; pour la Sicile, le même volume, pag. 76. Quant à Rhodes & à Samos, elles viennent d'occuper nos crayons.

pas même négligé Egine, Théra, Cos & Salamine (*a*), quoique très-peu importantes par elles-mêmes, parce qu'elles tiennent, par un fil, aux annales du Péloponèse; pour les autres, elles n'ont point d'histoire suivie, même pour les contemporains. Cependant, comme il ne faut rien laisser à desirer à la curiosité philosophique, sur tout ce qui tient aux instituteurs de la terre, nous allons parcourir rapidement, parmi ces isles subalternes, le petit nombre de faits qui ont échappé à l'oubli. Quant à celles, que nous ne nommerons même pas, c'est que leur géographie renferme à-peu-près toute leur histoire (*b*).

L'Archipel de l'Asie mineure, qui

(*a*) Voyez, pour Egine, le tome 5 de cet Ouvrage, pag. 115; pour Théra, le tome 4, pag. 137; pour Cos, le tome 6, pag. 125. Les faits qui concernent Salamine, sont épars dans les trois derniers volumes.

(*b*) Voyez, pour cette Géographie, le tome 1 de cette Histoire, pag. 169.

comprend toutes les isles semées dans les différentes mers qui baignent cette vaste péninsule, depuis l'extrémité orientale du Pont-Euxin, jusqu'à la partie de la Méditerranée, qui borne les côtes de la Syrie & de la Phénicie, offre, à nos crayons, les isles de Lemnos, de Lesbos, de Chio & de Samothrace.

L'Archipel d'Europe, se borne, pour les lecteurs qui veulent moins des noms que des évènemens, aux isles de Délos & de Paros, & à l'Eubée.

Lemnos. — Cette isle est connue, dans la haute antiquité, par son fanatisme; elle avait un temple célèbre, dédié à Junon, où elle immolait des vierges.

Un volcan, qui se forma dans son sein, donna sans doute le change à la superstition populaire. Les habitans, qu'effrayaient ses éruptions, occupés à désarmer le courroux du Dieu du feu, négligèrent le culte abominable de leur Junon; alors le couteau des Prêtres cessa de se teindre du sang des vierges.

On ſait que ce volcan, dont la phyſique des Poètes Grecs ne pouvait expliquer les phénomènes terribles, leur a fait imaginer la fable des forges de Vulcain.

Lemnos produit une terre ſigillée, qu'on a cru long-tems un excellent topique pour guérir de la morſure des ſerpens. Cependant, Philoctète, abandonné dans l'iſle, après avoir été atteint d'une flèche empoiſonnée, ne guérit pas de ſa bleſſure. Sans doute que la propriété de cette terre Lemnienne, était peu connue au tems du ſiége de Troye.

Lemnos poſſédait, dans une de ſes métropoles, un labyrinthe orné de quarante colonnes coloſſales, qui le diſputait, en magnificence, au labyrinthe de Crète, & à celui des Pharaons (a).

L'iſle de Lemnos fut originairement peuplée par des Thraces; elle paſſa enſuite aux Pélaſges déprédateurs, qui pro-

(a) *Plin.* Hiſtor. Natur. lib. 4, cap. 12.

longèrent si long-tems la barbarie primitive de la Grèce. On croit aussi qu'elle eut pour maîtres les Minyens, ou la postérité des Argonautes.

Un peuple barbare, ne peut être soumis qu'à des despotes. Thoas, le seul d'entre eux dont parle l'Histoire (*a*), se disait fils du Bachus Oriental, le conquérant de l'Inde. Sous son règne, les femmes de l'isle, irritées de ce que leurs maris fuyaient leur commerce, conjurèrent contre eux, & les égorgèrent tous, à l'exception du Roi, qui fut sauvé par la tendresse de sa fille Hipsipyle. Ce Thoas, qui laissa égorger tous ses sujets par leurs femmes, est appellé le *Divin Thoas*, par l'Auteur de l'Iliade.

D'anciens Commentateurs de cette histoire plus que suspecte, prétendent qu'Hipsipyle fut bannie, par les Ama-

(*a*) *Herod.* lib. 6 ; *Apollod.* lib. 3 ; *Stat.* Thebaïd. lib. 4 & 5.

zones, de ſon pays, pour avoir ſauvé la vie à ſon père. Cependant, nous avons vu que cette héroïne y régnait, au tems de l'expédition des Argonautes. Jaſon, en partant, la laiſſa enceinte de deux enfans, qui ne revirent jamais leur père.

Lemnos paſſa ſous le joug d'Athènes, grace à la valeur de Miltiade, &, après s'être agité obſcurément, ſous les ſucceſſeurs d'Alexandre, pour recouvrer ſon indépendance, Sylla vint, & la réunit aux conquêtes de ſa République.

Lesbos (a). — Cette iſle, quoique du tems de Strabon même, bornée à onze cents ſtades de circonférence, paſſait, dans l'antiquité, pour une des ſept grandes iſles de la Méditerranée. Elle avait huit villes conſidérables dans ſon enceinte, dont cinq furent ſucceſſivement détruites par des tremblemens de terre, ou par les

---

(a) *Diod. Sicul.* lib. 5; *Strab.* lib. 13; *Herod.* lib. 5, 6 & 9; *Diog. Laërt.* in Pittac. *Vitruv.* lib. 1, cap. 6; *Ariſtot.* Politic. lib. 5.

flots de la mer, qui franchirent ſes limites. Des trois autres, Eréſos & Méthymne ont laiſſé peu de traces de leur grandeur. L'hiſtoire de l'iſle entière, ſe réduit donc à celle de Mitylène, ſa capitale.

Mitylène, une des plus belles villes de l'Archipel, mais aſſez mal ſituée, puiſqu'au rapport de Vitruve, tous les habitans étaient malades, quand ils voyaient ſouffler les vents du Midi & du Nord-oueſt, conſerve encore des veſtiges de ſon ancienne ſplendeur; car on y trouve une foule de colonnes de marbre ou de granit, des débris de péryſtiles, & beaucoup de médailles.

Les premiers Inſulaires de Lesbos, vinrent, dit-on, de l'Eolide. Ils étaient, dans l'origine, ſoumis à des Rois. Macarée la tige de cette dynaſtie, régnait, dit-on, immédiatement après le déluge de Deucalion.

Dès que ces Rois voulurent opprimer, on les chaſſa, & la monarchie fit place à l'ariſtocratie.

Mitylène, au tems de la révolution, se créa une marine, avec laquelle elle soumit, dans le continent de l'Asie, une partie de la Troade.

Athènes ne vit point, sans jalousie, qu'une isle aussi obscure que celle de Lesbos, lui disputât l'empire de la Méditerranée, & elle envoya ses Amiraux défier la flotte rivale, jusques sous les murs de Mitylène.

La première campagne fut fatale aux Lesbiens. C'est dans une des batailles qui se livra dans l'isle, que le Poète Alcée, combattant pour sa patrie, jetta honteusement ses armes, dès le commencement de la mêlée, & prit la fuite. Le vainqueur, au défaut de trophée plus glorieux, suspendit le bouclier du Poète au temple de Minerve.

Pittacus, dans une autre campagne, vengea Mitylène. Nommé Général d'armée, il défia, à un combat singulier, Phrynon, le Commandant des troupes d'Athènes, l'enveloppa avec un filet qu'il tenait caché ſous ſon bouclier, & le tua : cet évènement décida de la victoire.

Mitylène, reconnaiſſante, confia le pouvoir ſuprême à ſon libérateur. Celui-ci l'accepta pour dix ans, & ſe fit, dans l'intervalle, le Légiſlateur de ſon pays. Ses inſtitutions, que d'ailleurs on ne connait pas, devaient être amies de l'homme; car il paſſait pour le plus pacifique des Souverains. Il diſait qu'une paix honteuſe, valait mieux qu'une guerre brillante, & il ne reconnaiſſait, pour vraies victoires, que celles qu'on remporte ſans répandre de ſang. On eſt tout étonné, de trouver ces maximes philoſophiques, des Pen & des Marc-Aurèle, au ſiècle de Piſiſtrate.

Pittacus, qui n'avait que l'ambition des grandes ames, celle d'éclairer les hommes, ou de les rendre heureux, voyant ſa patrie floriſſante & tranquille, après dix ans de règne, abdiqua le pouvoir ſuprême. Il fut mis, par la Grèce, au rang des ſept Sages.

L'antiquité cite de ce grand homme, un discours sur les loix, & six cents vers d'élégies, qui ne nous sont point parvenus. On sait seulement, qu'il avait fait une épigramme de cette pensée philosophique : *Il faudrait que le sage eût une flèche, pour se faire jour dans l'ame du méchant ; car cette ame contredit, à chaque instant, les paroles qui s'échappent de sa bouche.*

Pittacus survécut dix ans à son abdication, & il en avait soixante & dix quand il mourut. On place la mort de ce Sage, l'an 1012 de l'Ere de Paros, qui répond à la troisième de la cinquante-deuxième Olympiade.

Mitylène, République, se soutint, avec avantage, jusqu'au tems de Polycrate, tyran de Samos, qui la rendit tributaire.

Les Perses la mirent ensuite sous le joug ; mais la bataille de Mycale la rendit à la Grèce. La marine de cette ville, revivifiée par le génie de la liberté, devint bientôt si puissante, qu'elle put équiper seule une flotte de soixante & dix voiles, pour venger le Péloponèſe de la tyrannie de ſes déprédateurs.

La principale Puiſſance, dont Mitylène, libre, rechercha l'alliance, fut celle d'Athènes; mais il lui en coûta cher, pour avoir trahi ſa cauſe, dans le cours de la guerre du Péloponèſe; cette grande ville fut aſſiégée, obligée de ſe rendre à diſcrétion, &, ſur un décret du farouche Cléon, tous ſes citoyens furent condamnés au ſupplice. Nous avons rapporté ailleurs tous les détails de cette proſcription abominable (*a*), qui, cependant, ne s'exécuta pas, parce que la douce humanité, que les fureurs réunies, de la guerre & du deſpotiſme, cherchent, en vain, à anéantir, reprit tous ſes droits dans le cœur des concitoyens de Miltiade & de Thémiſtocle.

Mitylène, depuis cette époque, s'amollit, avec le reſte de la Grèce, par une longue proſpérité; auſſi Memnon de

---

(*a*) Tome VI, pag. 152.

Rhodes la subjugua, & lui nomma des tyrans pour la gouverner. Alexandre, en vain, lui rendit son indépendance, elle n'en profita que pour faire subir des tortures cruelles, aux despotes que lui avait donnés Memnon; pour sa politique, elle ne fit pas un pas vers sa perfection; sa marine tomba, &, dans les guerres de Mithridate, n'ayant pas eu le bon esprit de conserver une sage neutralité, Pompée se présenta devant l'isle de Lesbos, & la fit passer sous la domination Romaine, avec sa capitale.

L'isle de Lesbos a été long-tems le sanctuaire des arts; on y a vu naître des Musiciens célèbres, tels que Terpandre & Arion; des Poètes distingués, comme Alcée & Sappho; l'Orateur Diophane, le Naturaliste Théophraste, & Pittacus, plus grand qu'eux tous, parce qu'il fut à-la-fois Souverain & Philosophe.

CHIO (*a*). — Cette isle, ainsi nommée

(*a*) *Strab.* lib. 13 & 14; *Herod.* lib. 1 & 6;

d'un mot Grec, qui signifie neige, à cause d'une chaîne de hautes montagnes, séjour éternel des frimats, comptait sa capitale au nombre des douze villes libres de la confédération Ionienne. Sa première population, vint des côtes de l'Asie mineure. La colonie qui s'y établit, enchantée de sa fertilité, bâtit une ville au milieu des vignes indigènes qui bordaient la pente de ses montagnes. Le côteau Arvisien, était, sur-tout, celui où la nature déployait le plus sa magnificence; & ce côteau n'a jamais dégénéré; le vin précieux qu'il produisait, échauffa la verve d'Homère; Virgile, plusieurs siècles après, le célébra sous le nom de nectar Arvisien, & aujourd'hui, c'est encore le meilleur de ces vins liquoreux qu'on recueille dans l'Archipel.

Chio eut d'abord des Rois pour maîtres. Hippoclès, le seul dont le nom soit

---

Athen. Deipnosoph. lib. 6; *Thucyd.* lib. 8; *Diod. Sicul.* lib. 14; *Leo Allat.* de patriâ Homeri.

parvenu jusqu'à nous, viola une de ses sujettes ; & ce crime contre les mœurs, si sensible à un peuple qui commence, amena le renversement du trône, & le meurtre du tyran qui l'occupait. Dès-lors les Insulaires se gouvernèrent en forme de République.

Chio se laissa protéger par les Rois de Lydie, pour n'en être point envahie, & quand Cyrus vint conquérir l'Asie mineure, elle demanda à devenir une des provinces de son vaste Empire.

Lorsque, dans la suite, l'Ionie secoua le joug des Perses, Chio fut une des Puissances de la confédération, qui défendit, avec le plus de zèle, la cause de la liberté ; elle équipa seule une flotte de cent voiles, mais qui périt toute entière par la défection des alliés. Après la perte d'une bataille navale, où ces insulaires avaient fait des prodiges de valeur, obligés de se sauver sur les débris de leurs vaisseaux, à demi fracassés, ils abordèrent au continent de l'Asie, & vinrent, de nuit, aux pieds des remparts d'Ephèse; mais les habitans, qui les prenaient pour des pirates, fondirent fur eux, & les égorgèrent tous.

Ce défastre n'était que le prélude de ceux que la République naiffante avait à effuyer. Histiée, tyran de Milet, mettant à profit l'impuiffance où elle était de fe défendre, entra, avec des brigands, dans Chio, & la réduifit fous fon obéiffance.

La conquête des Perfes, remplaça la tyrannie d'Histiée. Le Satrape, chargé de cette expédition, furpaffa l'attente de fon defpote; il détruifit les édifices publics de Chio, brûla fes temples, égorgea une partie des citoyens, & fit paffer les vierges avec les plus beaux de leurs frères mutilés, dans le ferrail de Darius.

La bataille de Mycale, en ôtant l'Ionie aux Perfes, rendit Chio à elle-même; elle fit alors alliance avec Athènes, la Puiffance dominante de la Grèce, & s'y maintint jufqu'à la vingtième année de la guerre du Péloponèfe. Depuis cette époque, elle ne voulut être protégée par aucune République, & après avoir combattu long-tems, mais avec des succès variés, enfin le traité, qui suivit la guerre des Alliés, lui assura son entière indépendance. Chio, heureuse, florissante, mais sans histoire, resta libre jusqu'à la destruction de l'Empire des Perses; alors elle passa, avec un tiers du globe, sous le joug d'Alexandre.

Rome parut en Orient pour le subjuguer, & Chio la servit contre les Rois de Macédoine, ce qui lui valut le titre d'alliée & d'amie, de la première des Républiques.

Malheureusement, les guerres de Mithridate, détruisirent à jamais ses idées de prépondérance dans la Grèce. Un des Amiraux de ce Monarque, s'empara, par stratagême, de la capitale de l'isle, ruina ses habitans, par la contribution de deux mille talens qu'il en exigea, &, sous prétexte, encore, que cette somme n'était pas complette, il arracha de leur patrie les familles les plus puissantes, & les envoya habiter les côtes sauvages du Pont-Euxin.

Sylla, dans la suite, tenta de réparer les maux dont le zèle de Chio pour les Romains l'avaient rendue la victime. Les exilés revinrent; l'isle recouvra tous ses anciens priviléges, & elle ne subit même que fort tard, le joug des conquérans du monde. L'époque où Chio, avec une partie de l'Archipel, devint province Romaine, est le règne de Vespasien.

Chio est une des sept villes de la Grèce, qui se disputaient l'avantage d'avoir donné naissance à Homère (a). On montre encore, non loin du rivage de la mer, & à une lieue du rempart de l'ancienne Chio, une espèce de bassin de vingt pieds de diamètre, taillé dans le roc, connu de tems immémorial, sous le nom d'*Ecole*

(*a*) Les six autres, suivant un distique Grec, qui nous a été conservé, sont Cumes, Smyrne, Colophon, Pulos, Argos & Athènes.

d'Homère. La tradition des Insulaires, veut que ce soit sur ce plateau, que le sublime aveugle rassemblait ses disciples, & leur déclamait les vers de son Iliade.

Quoiqu'il en soit, Chio laissa vivre, dans une indigence profonde, le plus beau génie de l'antiquité, parce qu'alors elle ne soupçonnait pas sa grande renommée; ce ne fut que plusieurs siècles après, quand le nom de l'Auteur de l'Iliade devint supérieur à celui des demi-Dieux que la crédulité Grecque avait fait naître, que Chio songea à adopter le Poète immortel pour son citoyen, montra aux voyageurs le monument où il déclamait ses vers, & consacra son effigie par des médailles.

La Samothrace. — Cette isle, peu importante par elle-même & par son histoire, ne mérite de figurer un moment parmi les grandes Puissances de la Grèce, que par l'influence que, dans des siècles barbares, elle se donna sur la politique générale, avec le machiavélisme rafiné de sa religion.

La Samothrace tenait ſon culte & ſa population des Phéniciens ; & l'époque en remonte à une antiquité inacceſſible à la chronologie ; car cette iſle avait déja une hiſtoire, lors de ſa fameuſe inondation, qui arriva, ſelon Platon, long-tems avant le déluge d'Ogygès (*a*).

L'inondation de la Samothrace, dont tous les détails nous ont été tranſmis par Diodore (*b*), fut cauſée par le débordement du Pont-Euxin, & par l'action de la Méditerranée, qui peſait ſur l'iſthme, de l'autre côté du détroit des Dardanelles.

La population de l'iſle, fut preſque anéantie par cet affreux débordement. Le petit nombre d'habitans qui échappa au naufrage de ſa patrie, alla chercher un aſyle ſur le ſommet des montagnes; là, ces infortunés, abandonnés à eux mêmes,

---

(a) *In Timeo & in Critiâ.*

(*b*) Le texte même de cet Hiſtorien a été tranſcrit à la page 291 du tome 1 de cet Ouvrage.

errant ſur des rocs décharnés, obligés de diſputer quelques vils alimens à des quadrupèdes, que le beſoin avait rendu féroces, oublièrent les arts, & devinrent preſque ſauvages. L'hiſtoire rapporte, qu'au bout de quelques générations, ces Inſulaires n'avaient plus rien de Grec, & que, pour en faire des hommes, il fallut les faire civiliſer de nouveau, par un fils de Jupiter.

Cependant, ces longs malheurs, joints à la mémoire d'une antique population, avait rendus les ſauvages de la Samothrace, des êtres ſacrés pour les étrangers qui y abordaient. Les veſtiges terribles de dévaſtation qui couvraient la ſurface de l'iſle, les noms des Dieux tutélaires de la Phénicie, que les habitans prononçaient avec reſpect, ſans les entendre, les ruines des anciens édifices ſacrés, dont la magnificence contraſtait avec les cabanes barbares qui leur ſervaient d'enceinte; tout, juſqu'au ſilence de la nature dans ces vaſtes déſerts, imprimait une terreur auguſte aux voyageurs. Un Prêtre, qui avait le génie de l'ambition, obſerva cette diſpoſition des eſprits, & en profita, pour ſe créer un empire à l'abri des révolutions & des conquêtes.

On était déja perſuadé, dans l'Archipel, qu'il avait fallu une protection particulière du ciel, pour échapper à l'inondation de la Samothrace. Le Prêtre, qui deſcendait de ces êtres privilégiés, déja regardé comme un demi-Dieu par des voyageurs crédules, n'eut pas de peine à leur faire entendre qu'il tenait des génies tutélaires de la Samothrace, un taliſman pour préſerver de la foudre, des tempêtes & de tous les météores deſtructeurs. Ce taliſman était la connaiſſance du culte antique des Cabires, & l'initiation à leurs myſtères.

Il paraît aſſez difficile de définir les Cabires, puiſque les anciens eux-mêmes, varient étrangement, ſoit ſur leurs attributs, ſoit ſur leur étymologie. Varron, qui ſuppoſe qu'il faut entendre, par ce mot myſtérieux, le ciel & la terre (*a*), a peut-être réſolu le problême.

Au reſte, il était de l'intérêt du fondateur du culte des Cabires, de couvrir toutes ces origines religieuſes, d'un voile qui les rendit plus reſpectables; auſſi Diodore dit-il, qu'il était défendu de prononcer le nom des Cabires. (*b*). On ſait que la vénération du peuple s'accroît toujours, en raiſon de ſon ignorance.

Comme il était très-important aux Navigateurs de l'Archipel, d'être à l'abri des tempêtes, dans des mers orageuſes qu'ils affrontaient ſur les plus frêles navires, on s'empreſſa, de toutes parts, à ſe faire initier dans les myſtères des Cabires. Les héros mêmes, peu-à-peu, ſuivirent le torrent; on compte, parmi ces derniers, l'Hercule Grec, Orphée, Jaſon, Aga-

(a) *De linguâ latinâ*, lib. 4.
(*b*) Lib. 5.

memnon & Philippe, père d'Alexandre; comme ces héros furent presque toujours heureux, le machiavélisme sacerdotal ne manqua pas d'en faire honneur au talisman des Dieux de la Samothrace.

L'initiation aux mystères, se faisait avec des cérémonies capables d'en imposer aux esprits déja disposés à la terreur religieuse. L'Hyérophante plaçait le jeune homme sur un trône, l'entourait de bandelettes de pourpre, & le couronnait de lauriers; ensuite les Prêtres exécutaient autour de lui des danses sacrées; la scène changeait tout-à-coup, & une nuit habilement amenée par le décorateur, fixait les regards de l'initié sur des spectacles terribles, qui laissaient des traces profondes dans son imagination. La cérémonie se terminait par des anathêmes prononcés contre l'impie qui révélerait le secret de ces mystères.

Les Cabires firent, en peu de tems, la plus grande fortune dans la Grèce; on érigea, à ces Dieux sans nom, des autels à Lemnos, à Rhodes, à Thèbes, à Pergame,

& dans la Macédoine; l'Egypte même, qui avait la prétention orgueilleuse de n'admettre que des Dieux indigènes, institua un culte dans Memphis, aux Dieux étrangers de la Samothrace (*a*).

Pendant tout le tems que dura ce délire religieux, la Samothrace fut regardée comme une terre sacrée, par les Puissances de l'Asie mineure, de l'Archipel & du Péloponèse. Et l'Hyérophante, qui présidait le collége de ses Prêtres, Roi sans couronne, exerçait un empire d'autant plus étendu, que personne n'osait en fixer les limites. Le prestige ne se dissipa que lorsque l'aurore de la raison vint éclairer l'Europe, au commencement du siècle d'Alexandre.

Délos (*b*). — Cet écueil (car à peine peut-on donner le nom d'isle à une bande

---

(*a*) *Pausan.* in Beot.

(*b*) *Plin.* Histor. Natur. lib. 4, cap. 12. *Strab.* Geograph. lib. 10; *Herod.* lib. 4 & 6; *Thucyd.* lib. 3 & 4.

de terre, qui n'a que huit mille de circonférence) cet écueil, dis-je, tire son nom, ainsi que nous l'avons dit ailleurs, d'un mot Grec qui signifie se manifester, parce qu'il parut tout d'un coup sur la surface des eaux, soit par l'effet subit d'un tremblement de terre, soit par la retraite lente & progressive de la mer; les Poètes anciens, qui expliquaient toujours la physique avec des fables religieuses, prétendaient que Jupiter avait fait naître Délos, pour servir d'asyle à Latone, qui ne savait où accoucher de Diane & d'Apollon.

La manifestation de l'écueil de Délos, se fit, suivant le crédule Solin (a), immédiatement après le déluge d'Ogygès; il y aurait alors, à un an près, trente-cinq siècles & demi, que Latone aurait fait ses couches, pour donner, à la fois, un Dieu à l'Olympe, & une isle au monde.

» Cette isle, dit Pindare, que je transf-

(a) Cap. 17.

» cris

» cris d'après Strabon, flottait d'abord » vaguement sur la surface des mers; les » vents se jouaient d'elle, comme d'une » barque fragile; mais à peine l'amante » de Jupiter se sentit-elle pressée de saintes » douleurs, que quatre colonnes, à base » de diamant, se dressèrent du sein des » flots, pour affermir l'isle flottante, & » Latone fit naître, sans danger, un en- » fant qui ne devait jamais mourir «.

Le fils de Latone, grace à ce conte sacerdotal, devint un des plus puissans Dieux de la Grèce, & par contre-coup, donna l'existence politique la plus brillante, au petit rocher de Délos qui l'avait vu naître. Eréfichton, fils de Cécrops, premier Roi d'Athènes, lui bâtit un temple, que les Puissances de la Grèce se plurent, dans la suite, à décorer. Ce qu'on y admirait le plus (dans ce siècle barbare, où tout semblait, pour l'ignorance, un sujet d'admiration), était un autel, construit de cornes de quadrupèdes, unies ensemble, sans fil & sans ciment. Plutarque, entraîné par la tradition Grecque, eſt tenté de mettre ce monument au rang des merveilles du monde (a).

Ce temple antique d'Eréſichton, fait époque dans l'hiſtoire des arts, parce que c'eſt le premier où l'on imita la lyre d'Apollon, dans l'ornement d'architecture, qui prit, dans la ſuite, le nom de triglyphe. La ſtatue du Dieu, poſée ſur l'autel de cornes, était coloſſale, mais un palmier d'airain, offrande de l'Athénien Nicias, tomba ſur elle, & la renverſa. Apollon ne rendait que pendant ſix mois de l'année, ſes oracles dans Délos; il était cenſé paſſer l'autre ſemeſtre dans ſon temple de Patare, en Lycie.

Délos, à meſure que le temple d'Apollon s'enrichit par les offrandes des Rois, devint le centre de la religion Grecque. On ne la regarda plus que comme une iſle ſacrée, dont il ne fallait

(a) *De ſolertiâ animalium.*

approcher, qu'avec une terreur respectueuse; il fut défendu d'y brûler les morts: la chasse même y fut interdite; ainsi, les animaux, comme les hommes, y trouvèrent un asyle.

Délos, d'après l'idée que nous venons d'en donner, ne pouvait être gouvernée que par des Prêtres-Rois; aussi, l'histoire rapporte qu'elle avait, dès le tems de la guerre de Troye, un despote qui réunissait, dans ses mains, le pouvoir du sceptre & celui du Sacerdoce (*a*).

L'histoire des Prêtres couronnés est stérile en évènemens, à moins qu'ils ne fassent couler le sang des Iphigénie. Comme les despotes sacrés de Délos n'eurent pas besoin, pour cimenter leur pouvoir, du poignard du fanatisme, on ne dit rien d'eux ni de leurs peuples,

(*a*) Il s'appellait Anius, suivant Virgile, *Eneïd.* lib. 3.

Rex Anius, Rex idem hominum Phœbi que
Sacerdos.

jusqu'à l'expédition de Darius en Grèce. A cette époque, Datis, l'Amiral des Perses, qui jusqu'alors avait fait la guerre, non en héros, mais en brigand, se présenta, avec une flotte formidable, aux environs de l'isle consacrée à Apollon. Les Déliens, qui ne savaient pas combattre, mais prier abandonnèrent, à leur Dieu tutélaire, le soin de défendre son temple, & se sauvèrent à une autre extrémité de l'Archipel. Mais Datis, qui, né superstitieux, craignait jusqu'aux Dieux ennemis qu'il avait à combattre, envoya dire, aux Déliens fugitifs, qu'il les regardait comme des êtres sacrés, à qui il n'était pas permis de nuire, & qu'ils pouvaient revenir en sûreté dans leur patrie; ensuite, il fit porter de l'encens, du poids de trois cents talens, à Délos, pour être brûlé en l'honneur du Dieu qu'on y adorait, &, sans attendre le retour des habitans, il fit voile, avec sa flotte, du côté d'Erétrie.

L'isle trembla, après le départ de Datis,

& les Prêtres en conclurent que la Grèce était menacée de quelques grands désastres, présage que, dans la suite, l'invasion de Xerxès sembla justifier; mais la politique suffisait pour pressentir ces désastres, sans qu'on eût besoin de faire trembler l'isle de Délos.

Athènes, au siècle de Pisistrate, soupçonna que les Déliens n'étaient pas assez purs, pour présider au culte vénérable d'Apollon, &, d'après ce soupçon, qu'aucun fait ne semblait confirmer, elle les chassa de leur patrie, & les força de chercher un asyle dans Adramyte, au continent de l'Asie mineure. Mais cette République superbe ayant essuyé, peu de tems après, de grands désastres dans ses guerres avec Lacédémone, elle crut que le Ciel punissait son sacrilége, & elle rendit Délos à ses anciens possesseurs, expiation qui n'empêcha pas Athènes de recevoir des loix de Lysandre, & de perdre, par-là, l'empire du Péloponèse.

Le respect de l'Europe, pour l'isle

d'Apollon, ne fut pas toujours un frein pour les brigands, qui voulaient piller ses riches offrandes. Au tems des guerres de Mithridate, un Pirate, nommé Athénodore, dans une descente qu'il fit à Délos, enleva les trésors du temple, saccagea la ville, & vendit les habitans en qualité d'esclaves (*a*). Ce désastre arriva l'an 1514 de l'Ere de Paros, qui répond à la première année de la cent soixante & dix huitième Olympiade.

Délos, au tems de sa splendeur (*b*), était une des villes les plus magnifiques de la Grèce; presque tous ses édifices étaient de marbre ou de granit. On y avait construit, à grands frais, un théâtre, un gymnase, & un vaste bassin, pour des Naumachies.

Aujourd'hui, toutes les ruines de ces monumens, entassées sans ordre, présen-

(*a*) *Cicer.* Orat. pro Manil.

(*b*) *Callimach.* Hymn. in Del. vers. 266.

tent l'image du cahos; les amateurs de l'antiquité peuvent en juger par une vue assez pitoresque, qui n'a point échappé aux crayons de nos Dessinateurs.

Quant au temple d'Apollon, à peine peut-on distinguer son enceinte; cependant, de toutes les branches de l'antique superstition, celle du culte du Dieu de Délos, était la seule, peut-être, qui méritât de survivre à l'Histoire des hommes qui l'avaient fait naître. Rien de plus pacifique que le ministère d'Apollon. Le fanatisme s'y amalgamait si peu, qu'il était défendu d'immoler des animaux sur son autel : un vaisseau Athénien portait, tous les ans, dans le temple de Délos, les offrandes de la République, &, du moment de son départ, jusqu'à son retour, l'exécution de tous les arrêts de mort était suspendue. C'est à cet antique usage, que le genre humain a dû d'avoir gémi trente jours plus tard du supplice de Socrate.

Paros (a). — Cette isle, qui passait dans l'antiquité pour la plus puissante des Cyclades, fut peuplée originairement par les Phéniciens; les habitans de la Carie, & les Crétois, s'y établirent ensuite à diverses époques; mais l'histoire garde le silence le plus profond sur les détails de ces révolutions primitives. Diodore, qui s'amuse à conter comment Hercule séjourna dans Paros, quand il alla chercher la ceinture de l'Amazone Hippolyte, ne dit pas un mot des loix que cette isle reçut de sa métropole, des mœurs qu'y apportèrent ses conquérans, ni des Rois qui la gouvernèrent.

Paros fut comprise, avec la plus grande partie de l'Archipel, dans les conquêtes de Cambyse & de Cyrus, & elle resta fidèle à ses nouveaux maîtres. La fameuse

(a) *Thucyd.* lib. 1; *Diod. Sicul.* lib. 5 & 15; *Herod.* lib. 6; *Plin.* lib. 3, cap. 5, lib. 4, cap. 12, & lib. 36, cap. 5; *Cornel. Nep.* in Miltiade.

expédition de Darius contre la Grèce, ne réveilla en elle aucun ſentiment de patriotiſme, & les Républicains virent, avec douleur, ſes drapeaux flottans avec ceux des Perſes, dans la bataille de Marathon. Miltiade vainquit dans cette journée mémorable, & fut envoyé, à la tête de ſept cents voiles, pour punir Paros d'avoir trahi la cauſe commune; mais cet armement ne fut fatal qu'à Miltiade.

Paros, ſommée de reconnaître les loix d'Athènes, répondit avec fierté, qu'elle ne voulait point de maîtres, & que, quant à ſes protecteurs, elle prétendait avoir la liberté du choix. Alors Miltiade deſcendit dans l'iſle, & fit le ſiége de ſa capitale; pendant que ſes machines de guerre battaient la place, une Prêtreſſe du pays vint trouver ce grand homme, & lui perſuada, pour ſe rendre maître de Paros, de faire quelques cérémonies ſecrettes dans un temple de Cérès, ſitué non loin des remparts. Miltiade ſuivit le conſeil ſuperſtitieux; mais ayant voulu franchir l'enceinte de l'édifice ſacré, il ſe caſſa la jambe, & on le ramena baigné dans ſon ſang; la nuit même, pendant qu'on panſait ſa bleſſure, le feu prit, par haſard, à une forêt, placée ſur le continent, en face de l'iſle; l'Amiral s'imagina que c'était un ſignal donné par la flotte de Darius, & croyant qu'une tête affaiblie par la douleur, ne pouvait avoir le génie du commandement, il brûla ſes machines de guerre, leva le ſiége, & fit voile vers l'Attique.

Cette retraite, comme nous l'avons vu ailleurs, fut funeſte au héros de Marathon. Des hommes, jaloux de ſa gloire, l'accusèrent de s'être laiſſé corrompre par l'or des Perſes, pour lever le ſiége de Paros, &, quelqu'abſurde que fût une pareille calomnie, comme elle avait été préparée de loin par de vagues ſoupçons de tyrannie jettés parmi les eſprits, le peuple, qui ne croyait pas ce grand homme coupable, mais qui le craignait, le puniſſant de ſes propres terreurs, le fit jetter dans une prison ignominieuse, où il mourut de sa blessure.

Les Pariens, de leur côté, instruits de la correspondance criminelle de leur Prêtresse avec Miltiade, lui firent son procès; mais avant de porter la sentence, ils envoyèrent demander à l'Oracle de Delphes, si toute personne qui révèle à un ennemi de l'Etat, le secret de sa patrie, & les mystères sacrés dont elle est dépositaire, n'est pas digne de mort. La question n'en était pas une au tribunal de la politique; elle le devint au tribunal de la religion. La cause fut donc examinée de nouveau, mais, quoiqu'entre les mains des Ministres des autels, elle ne fut point pesée au poids du sanctuaire. Une Prêtresse d'Apollon ne pouvait trouver coupable une Prêtresse de Cérès; aussi la Parienne fut sauvée. La Pythie déclara qu'elle n'avait été que l'instrument aveugle du courroux des Dieux, qui avaient juré la mort de Miltiade.

Thémistocle, après la bataille de Salamine, mit Paros ſous le joug d'Athènes, & vengea ainſi le ſupplice de Miltiade.

Cette iſle paſſa, par une révolution, dont nous ne connaiſſons pas les détails, aux Ptolémées, & rentra enſuite ſous la domination des Athéniens, juſqu'aux guerres de Mithridate, où, après avoir été quelque tems province du Royaume de Pont, elle devint province Romaine.

Paros fut la patrie d'Archiloque, Poète dont les ſatyres forçaient les hommes faibles, qui en étaient l'objet, à ſe pendre. Archiloque était contemporain de Gygès, Roi de Lydie : s'il avait vécu au ſiècle philoſophique d'Alexandre, lui ſeul, ſe ſerait pendu, en voyant le mépris où le conduiſait la rage impuiſſante de ſes ſatyres.

Paros a été célèbre dans l'antiquité, par ſes carrières, qui fourniſſaient le plus beau marbre connu. L'Egypte en envoya acheter pour décorer le frontiſpice de ſon labyrinthe ; & il a ſervi aux premiers Sculpteurs de la Grèce, pour exécuter les chef-d'œuvres de leur art; la Vénus de Médicis, l'Hercule Farnèſe, l'Apollon du Belvédère & le groupe de Laocoon.

Il eſt probable que la veine la plus riche de cette carrière, eſt aujourd'hui épuiſée: car les Naturaliſtes, qui ont mis le marbre de Paros, en regard, avec celui de Carrare, ſe réuniſſent tous, à croire le dernier très-ſupérieur. Le marbre grec eſt à gros grains criſtallins, qui produiſent de faux jours, & qui ſautent par petits éclats; au lieu que celui d'Italie, dont le grain eſt plus fin & plus uni, obéit au ciſeau; c'eſt du marbre de Carrare, que ſont faits les beaux monumens des ſiècles de Léon X, & de Louis XIV.

Les voyageurs philoſophes, qui ont été de nos jours à Paros (a), ont admiré

(a) *Voyage du Levant*, de Tournefort, tome 1, lettre 5.

dans ſes carrières, un fameux bas-relief, d'une compoſition peu heureuſe, mais plein de goût dans les détails, qui repréſente une bachanale, ou une noce de village. Le tableau repréſente 29 figures, dont les principales ſont ſix Nymphes de 17 pouces de hauteur, qui exécutent une danſe animée. A gauche, on en voit une ſeptième aſſiſe, qui ſe fait preſſer, pour ſe mêler à des jeux, qu'elle brûle de partager. Non loin de ce grouppe, parait une tête de Satyre, qui rit à gorge déployée; le bas-relief eſt couronné par un Bacchus aſſis, ayant des oreilles d'âne & le viſage enluminé d'un yvrogne, qui ſemble préſider à un cercle compoſé de figures comiques, dans toutes ſortes d'attitudes. On regrette que les têtes de ce bas-relief, ne ſoient pas finies. Il paraît que c'eſt le caprice d'un Sculpteur ancien, qui s'amuſait avec ſon ciſeau, pendant qu'on chargeait le marbre deſtiné pour ſon attelier. L'Inſcription porte : *Adamas Odrysès a érigé ce monument, aux Nymphes de Paros.*

Le plus beau monument de Paros, aux yeux des ſiècles, eſt ſa fameuſe chronique, qui renferme la chronologie grecque, depuis l'avènement de Cécrops, au royaume d'Athènes, juſqu'à l'Archontat de Diognète; monument, dont tous les Savans diſtingués, ont fait la baſe de l'Hiſtoire, & qu'on ne cherchera à infirmer, que quand, au mépris de la logique naturelle & des faits, on bâtira des mondes primitifs ſur les nuages de l'étymologie (*a*).

L'Eubée (*b*).—Au-devant de la Béotie

(*a*) Voyez le diſcours préliminaire plein d'erreurs & de paralogiſmes, qu'on voit à la tête d'un gros volume in-4°., *ſur les Origines Grecques*, publié à Paris en 1782. Nous reviendrons à ce ſujet important, au chapitre de la Chronologie, qui terminera cet Ouvrage.

(*b*) *Strab.* lib. 10; *Thucyd.* lib. 1 & 3; *Plin.* lib. 4, cap. 12 & 36, cap. 6; *Polyb.* lib. 17; *Herod.* lib. 1; *Dionyſ. Halicarn.* lib. 1.

& de l'Attique, eſt une bande de terre immenſe, qui ſemble ſéparée, depuis peu de ſiècles, du Péloponèſe. On l'appelle l'iſle d'Eubée; le détroit de l'Euripe, qui l'empêche de tenir au continent, eſt ſi étroit, qu'on y a jetté un pont. L'iſle, qui renferme, ſuivant Pline & Strabon, douze cent ſtades, dans ſa longueur, n'én a, dans ſa plus grande largeur, que cent cinquante.

On a fait habiter l'Eubée, dans l'âge des fables, par les Titans; ce que les Ovides prouvaient, à leur manière, par le culte du géant Briarée, établi de tems immémorial, dans ſon enceinte. Mais Strabon, qui n'eſt pas Poète, fait honneur de ſa population primitive, aux navigateurs Phéniciens & Arabes.

Chalcis & Erétrie étaient les deux Métropoles de l'Eubée. La première, bâtie ſur l'Euripe, & communiquant par ſon pont, au Péloponèſe, faiſait remonter ſon origine avant la guerre de Troye: on croit que cette ville, ainſi qu'Erétrie, ſa rivale en magnificence, devait ſa fondation, à des héros d'Athènes.

Chalcis profita de bonne heure de ſon heureuſe poſition, pour commander, par ſes flottes, aux mers qui baignent l'Archipel. Ses premières tentatives furent marquées par des ſuccès : car Strabon aſſure, qu'elle couvrit de ſes nombreuſes Colonies, les côtes de l'Italie, la Sicile, la Thrace & la Macédoine.

On conte que Chalcis, au tems des premiers exploits de ſes navigateurs, eut une guerre longue & cruelle avec Erétrie, ſa rivale. Une bataille enfin, termina la querelle : les Erétriens, au milieu de la mêlée, ſaiſirent leurs ennemis, par les longs cheveux qu'ils portaient, & les defirent. On ajoute que les citoyens de Chalcis, pour prévenir déſormais une pareille ignominie, ſe rasèrent, ne laiſſant, par un principe de ſuperſtition, qu'une ſeule boucle de cheveux, ſur le derrière de leur tête. On cite en preuve de cet évènement, un vers d'Homère, qui fait allusion à la boucle de cheveux des Chalcidiens. Mais ce conte, dénué de toute vraisemblance, pourrait tout aussi bien avoir été imaginé par les commentateurs, d'après le vers de l'Iliade.

Les Eubéens eurent des Rois, dès qu'ils se civilisèrent. Un des moins obscurs, est Elphénor, qui conduisit quarante vaisseaux au siége de Troye; il y fut tué par Agénor.

Il y a des Historiens qui prétendent qu'à la mort de ce Prince, le père de Palamède vint le remplacer. D'autres, veulent que l'Eubée profita de l'extinction de la Famille Royale, pour se gouverner, en forme de République.

Il paraît que cette République ne fut long-tems qu'une confédération de villes libres, dont aucune n'affectait le pouvoir suprême. C'était la Noblesse qui jouissait, dans cette isle, de tous les priviléges. Le Noble, dans l'acception Eubéenne, était l'homme riche, qui pouvait entretenir un certain nombre de chevaux; voilà pourquoi on l'appellait l'*Hippobate*. L'Eubée gémit long tems, sous la tyrannie des Hippobates.

Un factieux, nommé Diagoras, renversa l'aristocratie des Hippobates; mais ce fut pour lui substituer le pouvoir absolu, qu'il transmit à Thémison, & celui-ci, à un Plutarque, qu'il faut bien se garder de confondre avec le Philosophe de Chéronée, qui s'est fait l'Historien des Grands Hommes.

Le Plutarque, tyran de l'Eubée, attira contre Erétrie, les armes de Philippe, Roi de Macédoine, ce qui révolta ses sujets, qui lui ôtèrent sa couronne.

Mais, long-tems avant l'avènement de Plutarque & des autres tyrans de l'Eubée, l'isle avait été saccagée tour à tour par les Perses, par les Athéniens, & par toutes les Puissances, qui avaient eu l'empire des mers du Péloponèse.

Quand Darius déclara la guerre à la Grèce, une des premières opérations de ſa flotte, fut le ſiége d'Erétrie. Cette ville ſe rendit; & malgré ſa capitulation, elle fut livrée au pillage, & ſes habitans tranſportés dans la Perſe. Darius cherchait à venger l'incendie de Sardes, par les troupes d'Athènes & de Lacédémone.

Les victoires de Platée & de Marathon, rendirent l'Eubée à elle-même: mais Athènes qui la protégeait, voulut peu à peu l'aſſervir. Elle ſecoua le joug ſous Périclès, & ce grand homme vint, l'épée à la main, la réduire ſous ſon obéiſſance.

L'Eubée, vers la fin de la guerre du Péloponèſe, reçut des loix de Sparte, retourna enſuite ſous le joug Athénien, & finit par être engloutie dans les conquêtes d'Alexandre.

Comme l'Eubée, dénuée de marine, & encore plus de ce patriotiſme républicain, qui ſupplée à tout, ſe donnait au premier conquérant, qui ſe préſentait devant ſes ports, elle appartint ſucceſſivement à Antigone, au dernier Philippe de Macédoine, à Antiochus, à Mithridate & aux Romains; toutes ces révolutions, dénuées de grands évènemens, ſont plus faites pour occuper une place dans des faſtes chronologiques, que dans une hiſtoire raiſonnée du genre humain.

DES COLONIES GRECQUES DE L'ITALIE, CONNUES SOUS LE NOM DE GRANDE GRÈCE.

L'ITALIE a dû, en grande partie, sa population, sa religion, ses mœurs & ses loix, à la Grèce. Voilà pourquoi l'extrémité méridionale de cette presqu'isle, en a si long-tems porté le nom. Quoique les révolutions des Colonies Grecques de l'Italie, tiennent plus aux annales de Rome, qu'à celles du Péloponèse, cependant nous ne pouvons nous difpenfer d'en tracer un tableau rapide, pour ne rien laiffer à defirer dans cette hiftoire de la Grèce, qui eft celle des hommes par excellence.

Denys d'Halicarnaffe (*a*), attribuait l'origine des colonies Grecques, en Italie, à deux peuplades différentes; à celle des Aborigènes, & à celle des Pélafges.

Les Aborigènes, à l'en croire, fortaient d'Arcadie, & vinrent par mer, fous la conduite d'Œnotrus, peupler le Latium, plus de 530 ans, avant la prife de Troye.

Les Pélafges, plufieurs générations après, revivifièrent cette colonie dégénérée. Les Pélafges, ce fameux peuple dévaftateur, dont nous avons parlé au commencement de cet ouvrage, fortaient, à cette époque, de la Theffalie, dont ils avaient été chaffés par Deucalion.

Ce n'eft pas ici le lieu de difcuter

(a) *Antiq. Rom.* lib. 1.

ce fameux texte de Denys d'Halicarnaſſe, que l'érudition des Fréret, & l'eſprit ſyſtématique des Gebelin, ſe ſont plû, de nos jours, à couvrir de nuages. Il ſuffit de ſçavoir, que les Grecs, héritiers des connaiſſances des Phéniciens, qui l'étaient eux-mêmes de celles des Atlantes, vinrent, pluſieurs ſiècles avant la guerre de Troye, répandre dans l'Italie, la ſemence des arts, dont la raiſon de l'Europe moderne s'honore; ſemence heureuſe, qui, après avoir germé deux fois dans Rome, ſous Auguſte & ſous Leon X, ſemble avoir atteint ſon dernier développement, au règne brillant de Louis Quatorze.

La grande Grèce comprenait l'Apulie, dont le nom dégénéré, ſe conſerve dans le mot barbare de Pouille, l'Œnotrie & la Campanie maritime: on y voyait pluſieurs villes conſidérables. Voici quelques détails hiſtoriques, ſur celles dont l'Hiſtoire ancienne s'eſt le plus occupée.

Pestum ou Posidonie, qu'on croit

une Colonie Dorienne, n'eut jamais d'existence brillante, si ce n'est peut être dans l'histoire des arts : il est certain qu'il y a peu de villes anciennes, dont les ruines se soient mieux conservées. On y voit encore trois Temples, les débris de quelques édifices publics, & la plus grande partie des remparts; ces ruines, annoncent le goût des Architectes, quoique les monumens ne soient pas du beau siècle d'Alexandre.

Sybaris, non moins célèbre par la mollesse de ses habitans, que Pestum, par la magnificence de ses édifices, mérite, suivant nous, un chapitre particulier dans cette Histoire.

Siponte fut, dit-on, bâtie par Diomède, un des héros de la guerre de Troye. Cette ville, un siècle après, dominait sur toute l'Apulie, & aujourd'hui, les Savans disputent sur l'emplacement de ses ruines.

Canouse, après la bataille de Cannes, devint un asyle pour les soldats Romains, échappés à l'épée d'Annibal. VENOUSE ne mérite d'être citée, que pour avoir donné naissance à Horace.

BRINDES fut fondée par les insulaires de Crète après la mort de Minos. C'est dans ses remparts, que mourut le brillant Auteur de l'Enéide.

TARENTE doit son origine, suivant une tradition, aux Crétois, & suivant un autre, aux Héraclides. Pythagore y fit un long séjour, qui ne fut inutile ni à sa gloire, ni aux progrès de l'esprit humain. Architas, un des disciples de ce Philosophe, fut nommé à la première Magistrature de cette ville, & ne contribua pas peu à empêcher Denys le jeune, tyran de la Sicile, d'achever de se déshonorer par le supplice de Platon. Annibal priva Tarente de sa liberté, long tems avant que Rome la mît au rang de ses Colonies.

HÉRACLÈE devait son origine aux Tarentins. Cicéron fait un grand éloge de ses loix primitives, qui la rendaient heureuſe, avant que Rome conquérante la forçât à recevoir les ſiennes.

CROTONE, fondée par un Spartiate, fleuriſſait déja par ſon commerce, quand Pyrhus ſongea à envahir l'Italie. Cette ville eſt célèbre dans l'antiquité, par la force prodigieuſe de Milon, un de ſes Athlètes.

LOCRES devait ſon nom & ſa population aux Locriens du Péloponèſe. RHÈGE, dont l'hiſtoire tient à celle de Sicile, fut, comme nous l'avons déja vû, raſée par Denys l'ancien, rétablie par Denys le jeune, & finit par devenir une colonie Romaine.

SALERNE, quoique de la plus haute antiquité, n'a d'hiſtoire que dans notre moyen âge. STABIE périt avec POMPEYA & HERCULANUM, dans la fameuſe éruption du Véſuve, dont Pline le Naturaliſte fut la victime.

NAPLES, l'ancienne Parthenope, tirait, diſent les Poètes, ſon nom primitif, d'une Syrène, au chant perfide de laquelle

Ulysse eut le bonheur d'échapper. Les habitans de Cumes, détruisirent cette ville, & ensuite la rebâtirent, non par humanité, mais en vertu d'un oracle. On y voit le tombeau de Virgile.

BAYES & POUZZOLES n'ont plus rien, depuis plusieurs siècles, de leur magnificence, sous les premiers Césars. CUMES, bâtie en partie par les peuples de l'Eubée, & en partie par ceux de l'Etolie, attira long-tems un grand concours de voyageurs dans ses remparts, soit à cause de la salubrité de ses eaux thermales, soit à cause de la renommée de sa Sibylle.

La grande Grèce se terminait à CAIETE, où fut enterrée, suivant Virgile, la nourrice d'Enée, & à CIRCÉE, si fameuse par le séjour de la Magicienne de ce nom, qui changeait, à son gré, les hommes en pourceaux, suivant les romans poétiques d'Homère, rajeunis par le roman en prose, de l'immortel Fénélon.

En général, toutes les colonies que

les Grecs ſemèrent, le long des côtes de l'Italie, ne pouvaient avoir qu'une petite exiſtence politique. N'ayant point de marine, pour protéger leur commerce; dédaignant d'utiles confédérations, pour aſſurer leurs conquêtes, trop éloignées de leur Métropole, pour en être défendues en cas de déſaſtres, elles n'étaient fortes, que de la faibleſſe & du dédain des grandes puiſſances qui les environnaient. Tant que ces puiſſances, occupées à s'obſerver entre elles, parurent reſpecter le repos de toutes les villes iſolées & ſans appui, elles fleurirent un moment & devinrent le centre des arts, & l'aſyle des ſages : mais, quand Syracuſe, Carthage & Rome, dans les intervalles de leurs grandes diſſenſions, voulurent étendre ſur elles, leurs bras dominateurs, on les vit céder, preſque ſans réſiſtance à leur deſtinée. A peine cette grande Grèce, ſi orgueilleuſe de partager ſon origne, avec les concitoyens de Lycurgue & les vainqueurs de Marathon, sema-t-elle de quelques traits de patriotisme, sa longue décadence.

DES SYBARITES.

HISTOIRE DE LEUR MOLLESSE; CONTE SUR LEUR PUISSANCE (a).

SYBARIS, si célèbre chez les anciens, par sa mollesse, & dont le nom égal à celui de la Ninive de Sardanapale, aurait été pour Sparte, la plus

(a) *Strab.* Geogr. lib 6 & 14; *Diod. Sicul.* lib. 12; *Athen.* Deipnosoph. lib. 12; *Suidas*, Lexic. voc. Sybaris; *Ælian*, Var. Histor. lib. 9, cap. 24, & lib. 12, cap. 24; *Senec.*, de irâ.

cruelle des injures, Sybaris, dis-je, fut fondée par les Achéens, ſur la côte du golphe de Tarente, & à deux cents ſtades de Crotone; elle était ſituée entre deux torrens, le Sybaris & le Crathis. Le premier, s'il en faut croire Pline le Naturaliſte, avait la vertu de donner aux hommes qui en buvaient, un tempérament plus généreux, une taille plus élevée, & un teint plus mattial. Pour le Crathis, ſes eaux, dont la propriété était de relâcher les fibres, radouciſſaient la peau, blanchiſſaient le teint, & ſemblaient deſtinées par la nature, pour être la boiſſon des femmes. Les fondateurs de la ville, en lui donnant le nom du Sybaris, annonçaient qu'ils voulaient perpétuer la race des Héros de la Grèce. Mais, au bout de quelques générations, le citoyen dégradé, alla puiſer ſur les rives du Crathis, la beauté, l'indolence & l'oubli de ſoi-même.

On nous a tranſmis un grand nombre de faits ſur l'incroyable molleſſe des

Sybarites; & le tableau qui en résulte, peut être piquant, sur-tout quand on le met en regard à côté de celui de Lacédémone.

La jeunesse était élevée, dans Sybaris, comme si la nature n'y avait organisé que le plus faible des deux sexes. Dès qu'un enfant sortait du berceau, on l'habillait de pourpre; on décorait ses cheveux naissans, de rubans tissus d'or; on ne l'exposait en plein air, que le visage couvert d'un voile. Point de gymnastique qui pût donner du ressort à ses organes. Il vieillissait petit & faible, sans être sorti de l'enfance.

Le Gouvernement avili, autorisait ces mœurs énervées; il ne souffrait dans l'enceinte des remparts, aucune profession, dont l'exercice bruyant, pût blesser la délicatesse des nerfs. Il défendait même d'y élever des cocqs, parce que leur chant aigu, troublait le sommeil fugitif de ce peuple de femmes.

Les arts, en honneur dans Sybaris,

étaient ceux qu'on regarde comme des branches du luxe. Ainſi, les artiſans qui mettaient en œuvre, la teinture de la pourpre, ceux qui pêchaient des poiſſons monſtrueux, ou qui les expoſaient en vente, étaient non-ſeulement conſidérés, mais encore exempts de toute impoſition publique : on les regardait comme le ſoutien de l'Etat, parce qu'ils étaient les inſtrumens néceſſaires du luxe effréné de quelques citoyens.

Les repas ſemblaient l'objet le plus important de la légiſlation. On décernait des couronnes d'or, à ceux qui donnaient les plus ſomptueux. Leurs noms étaient prononcés avec éloge dans les jeux publics & dans les aſſemblées de religion.

S'il ſe trouvait parmi ces Apicius Grecs, quelqu'homme d'imagination qui inventât un raſinement de bonne chère, on lui donnait, pendant une année entière, le privilége excluſif de ſon ſecret, & dans la grammaire des Sybarites, cela s'appellait encourager l'induſtrie.

Un Magiſtrat Sybarite, ne repréſentait qu'à table : c'eſt par le nombre des feſtins qu'il donnait, que la patrie jugeait de ſes ſervices : il y avait tel de ces feſtins d'apparat, où l'on invitait les femmes un an d'avance, afin qu'elles euſſent le tems de ſe préparer à y paraître, avec tout l'éclat de leur parure.

On peut juger du nombre effrayant d'eſclaves de luxe, que Sybaris renfermait dans ſon enceinte, par une anecdote, ſur Smindyride, qu'on nous a conſervée. Lorſque Cliſthène, le tyran de Sicyone, annonça qu'il cherchait une épouſe à ſa fille Agariſte, une des beautés de la Grèce, parmi la foule de prétendans, qui ſe préſentèrent on diſtingua ſur-tout Smindyride; ce héros de Sybaris ſe rendit à la Cour de Cliſthène, avec mille cuiſiniers, mille pêcheurs, & mille oiſeleurs : un pareil cortége ſuffiſait pour avoir toutes les beautés de Sybaris, mais Smindyride ne put obtenir celle de Sicyone.

Sybaris, qui ne cite dans ses annales ni guerrier, ni homme d'Etat, ni philosophe, se glorifiait beaucoup d'avoir donné naissance à ce Smindyride. C'est lui qui passa une nuit sans dormir, parce que, parmi les feuilles de roses dont son lit était semé, il y en avait une sous lui qui s'était pliée en deux; ce pli de la rose, qui tient un Sybarite éveillé, nous a valu un des dialogues les plus ingénieux de Fontenelle.

Les Sybarites furent, dit-on, les premiers qui menèrent aux bains publics des esclaves enchaînés, afin de les châtier à leur gré, s'ils épargnaient les parfums, ou s'ils ne donnaient pas à l'eau sa juste température. C'est au sortir de ces bains, qu'ils allaient s'enfoncer dans leurs lits jonchés de roses, jusqu'à ce qu'un Nain ou un Eunuque (leurs esclaves favoris) vinssent demander leurs ordres pour l'heure du repas.

Quoique tous ces détails, sur la molleſſe des Sybarites, ſoient tirés, avec l'exactitude la plus ſcrupuleuſe, d'Ecrivains dignes de foi, cependant l'ordre de croyance qu'ils exigent eſt bien faible, en comparaiſon des grands évènemens de l'hiſtoire Grecque, tels que la journée des Thermopyles, ou le ſupplice de Socrate. La ſuite de l'hiſtoire de ce peuple étrange, prête encore plus au ſcepticiſme.

Strabon dit que Sybaris s'éleva à un tel point de grandeur & d'opulence, qu'elle commandait à quatre nations voiſines, & que ſon Empire s'étendait ſur vingt-cinq villes; alors, ajoute le fameux Géographe, les remparts de cette Métropole de la grande Grèce, renfermaient cinquante ſtades dans leur enceinte, & elle pouvait mettre ſous les armes, trois cents mille hommes.

La raiſon du dix huitième ſiècle, ne voit pas trop comment Sybaris, ſans légiſlation, ſans diſcipline militaire & ſans marine, a pu ſubjuguer quatre peuples de l'Italie; comment ſon empire s'étendait ſur vingt-cinq villes, tandis qu'elle ſe meſurait, toujours ſans ſuccès, avec Crotone, ſituée à deux cents ſtades de ſes remparts; comment, ſur-tout, des citoyens efféminés, que le pli d'une roſe empêchait de dormir, pouvaient marcher aux combats, au nombre de trois cents mille hommes.

Au tems de la plus grande puiſſance des Sybarites, Thélis, qui les gouvernait, leur perſuada d'exiler cinq cents de leurs citoyens, dont l'opulence ambitieuſe lui faiſait ombrage, & de vendre leurs biens, pour en diſtribuer le produit au peuple; cet acte de violence s'exécuta; alors les bannis ſe réfugièrent dans Crotone, & tombant aux pieds des autels, ils implorèrent la vengeance des Dieux contre leurs oppreſſeurs. Thélis, qui craignait leur éloquence, ſe hâta d'envoyer des Ambaſſadeurs à Crotone, pour redemander les infortunés, auxquels elle venait de donner un aſyle, ou pour lui déclarer la guerre en cas de refus. La multitude intimidée, penchait vers le conseil de la faiblesse, mais Pythagore parla avec tant de force en faveur des bannis, qu'il sauva un crime au peuple qu'ils avaient fait l'arbitre de leur destinée.

Suivant une tradition adoptée par Héraclide, les Sybarites, dans l'intervalle, ayant pénétré les desseins ambitieux de Thélis, secouèrent le joug de sa tyrannie, & massacrèrent, jusques dans les temples de leurs Dieux tutélaires, les satellites de ses fureurs. La révolution n'empêcha pas la guerre avec Crotone. Les assassins de Thélis, pour l'accélérer, égorgèrent trente Crotoniates, qui étaient venus, sous le titre d'Ambassadeurs, négocier le retour des exilés, jettèrent leurs cadavres mutilés dans les fossés de la ville, & les laisserent dévorer par les vautours.

Diodore, qui croit, comme Strabon, aux trois cents mille soldats de Sybaris, suppose qu'ils marchèrent tous en bataille rangée, contre leurs ennemis. Crotone n'avait que cent mille hommes à leur opposer, & ils vainquirent, grace à l'athlète Milon, dont ils avaient fait leur Général. Ici le texte de l'Historien est si étrange, qu'il faut le transcrire (*a*).

» Milon marchait, à la tête de ses cent » mille Crotoniates, contre les trois cents » mille soldats de Sybaris. Ce héros, doué » d'une taille prodigieuse, & d'une valeur » égale à sa taille, se présenta dans la mê- » lée, orné des six couronnes qu'il avait » gagnées aux Jeux Olympiques, couvert, » comme Hercule, d'une peau de lion, » & agitant, ainsi que lui, une énorme » massue. Au premier choc, il renversa, » par la seule force de son corps, un ba- » taillon qu'on lui avait opposé, & com- » mença la déroute des Sybarites, qui se » termina par la prise de leur capitale «.

On croit, en lisant ce récit de la bataille entre Sybaris & Crotone, être au

(*a*) *Diod. Sicul.* lib. 12, cap. 6.

ſiècle des Argonautes de Timée ou d'Apollonius. Cependant, l'hiſtoire Grecque a fixé, avec préciſion, l'époque très-rapprochée de nous, où Milon, après deux mois de ſiége, prit Sybaris d'aſſaut, la brûla, & enſevelit les décombres de ſes édifices, ſous les eaux de ſes deux rivières. Ce déſaſtre eſt marqué ſous l'an 1074 de l'Ere de Paros, qui répond à la première année de la ſoixante-huitième Olympiade.

LES SYBARITES,

SANS PATRIE, FONDENT THURIUM.

LÉGISLATION DE CHARONDAS ET DE ZALEUCUS (a).

SYBARIS resta déserte pendant cinquante-huit ans; au bout de cet intervalle, la postérité de ses habitans, réunie avec quelques Thessaliens, vint en revivifier les débris. Mais à peine avait elle joui cinq ans du fruit de ses travaux, que Crotone, jalouse de la prospérité naissante de cette Colonie, se présenta devant ses murs, & les renversa. Alors fut détruite,

(a) *Diod. Sicul.* lib. 12; *Stob.* Serm.

ſans retour, une ville que ſon luxe avait rendu, pendant tant de ſiècles, le ſcandale de l'Univers.

L'année de la deſtruction totale de Sybaris, ſes citoyens, chaſſés deux fois de leur patrie, implorèrent la bienveillance d'Athènes, la protectrice née de tous les peuples malheureux, & ils en reçurent une eſcadre de dix vaiſſeaux, montés d'hommes généreux, qui s'offraient à partager leur deſtinée. Lampon & Xénocrite, qui étaient à la tête de ces Athéniens, arrivés ſur la côte de l'Italie, cherchèrent, ſur la foi d'un Oracle, un lieu tranquille, où ils pourraient ſe fixer. Un interprète des Dieux les conduiſit, une baguette ſacrée à la main, non loin de l'emplacement de l'ancienne Sybaris, & ils y bâtirent la ville de Thurium.

Les diſſentions inteſtines de la nouvelle Colonie, l'empêchèrent, dès le commencement de ſa fondation, de proſpérer. Les anciens Sybarites dominaient dans Thurium, &, ſans égard pour les Athéniens, leurs bienfaiteurs, ils les exclurent de toutes les grandes charges du Gouvernement; ceux-ci n'attendirent pas que l'oppreſſion fût à ſon comble; ils prirent les armes contre leurs tyrans, & les égorgèrent.

Les Athéniens, devenus ſeuls maîtres de Thurium, firent venir du Péloponèſe, un grand nombre de familles, avec leſquelles ils partagèrent les maiſons déſertes de leur villes, s'appuyèrent de l'alliance de Crotone, &, après avoir établi, parmi eux, le gouvernement démocratique, chargèrent le Philoſophe Charondas de leur donner une légiſlation.

Charondas était l'homme de ſon ſiècle le plus verſé dans la ſcience des mœurs, ce qui le fit juger, avec raiſon, comme l'homme le plus propre à donner des loix à ſa patrie. Voici quelques-unes de ſes inſtitutions, qui nous ont été tranſmiſes par la plume de Diodore.

Tout citoyen qui donnait une belle-mère à ses enfans, perdait son droit de suffrage dans les assemblées nationales. Le Législateur pensait que celui qui mettait le trouble dans sa famille, ne pouvait devenir, par ses conseils, que le fléau de ses concitoyens.

Le calomniateur était traîné dans les places publiques, portant sur sa tête une couronne d'un bois que les Anciens croyaient sinistre, c'est-à-dire de tamarin. Cette espèce d'ignominie, à laquelle les préjugés anciens attachaient une grande force, fit tant d'impression sur les premiers coupables qui la subirent, qu'ils terminèrent leurs jours par le suicide.

Il y avait un règlement particulier, pour interdire aux citoyens tout commerce avec cette espèce de méchans, qui employent leur génie ou leur puissance à éluder la rigueur des loix; cet isolement terrible où on les réduisait, commençait du moins leur supplice.

L'éducation de la jeunesse, base de toute économie sociale, ne fut point négligée par Charondas. Ce Sage établit des Instituteurs publics, chargés de donner à leurs élèves les principes des mœurs & ceux des connaissances humaines. Par ce moyen, le fils de l'indigent, ainsi que celui du riche, acquit des droits au bonheur, en acquérant des lumières.

Parmi les loix civiles de Charondas, il y en a une singulière sur les orphelins; le Sage de Thurium ordonne que ces infortunés seront élevés par les parens les plus proches du côté maternel, & il confie l'administration de leurs biens à des tuteurs de la ligne paternelle. Cette distinction paraît d'abord choquante, mais, après l'examen, elle annonce, dans celui qui l'a imaginée, une connaissance profonde du cœur humain. Il est clair que les parens de la mère, n'ayant rien à espérer de la succession de ces orphelins, n'auront aucun intérêt d'attenter à leur vie, & que les parens du père, qui sont leurs héritiers naturels, n'habitant pas avec eux, n'en auront pas le pouvoir.

Charondas n'avait point l'ame de ſang des Dracon & des Dioclès : il ne prodigua point la peine de mort, comme ces Légiſlateurs ignorans qui, ne ſachant point émonder l'arbre politique, le coupent par le pied. Il y avait, dans les villes de la grande Grèce, des loix anciennes, qui condamnaient au ſupplice le citoyen qui refuſait de s'enrôler pour la défenſe de la patrie, ou le ſoldat qui quittait ſon rang un jour de bataille. Le Philoſophe de Thurium ſubſtitua, à ces peines capitales, l'ignominie d'être expoſé trois jours dans la place publique, en habits de femme ; inſtitution ſage qui rétabliſſait l'équilibre entre les délits & les peines, & laiſſait au coupable l'eſpérance de réparer ſa honte, ſans détruire le frein que toute bonne police ſociale doit laiſſer ſubſiſter contre la lâcheté.

Charondas, trop éclairé pour ne pas ſentir que toute légiſlation qui rend l'homme heureux, doit être immuable, mais auſſi trop modeſte pour croire que la ſienne ferait à jamais le bonheur de ſa patrie, permit à tout citoyen de propoſer, dans une Aſſemblée nationale, la réforme de ſes loix; mais à condition qu'il ſe préſenterait lui-même, dans la place publique, la corde au col. Si ſon plan de réforme était jugé juſte, la Nation devait le remercier de l'emploi qu'il faiſait de ſes lumières; mais ſi elle n'y appercevait que les manœuvres rafinées d'un factieux, les ſatellites des Magiſtrats devaient étrangler, ſur-le-champ, le nouveau Légiſlateur.

Les inſtitutions de Charondas furent modifiées trois fois, ſur l'avis de citoyens qui eurent le courage de ſe préſenter, la corde au col, devant le peuple ſouverain de Thurium.

Charondas avait eu la faibleſſe d'adopter, de quelques nations Aſiatiques, la loi abſurde du Talion, &, ſuivant ſes inſtitutions, ſi un citoyen crevait un œil à un autre, l'exécuteur public lui en crevait un à ſon tour. Or, un Thurien creva un jour, à un borgne, l'œil unique qui lui reſtait, & le rendit aveugle; il était évident, qu'à s'en tenir à la lettre de la loi, la punition du coupable, que l'exécuteur ne privait que d'un œil, n'était point proportionnée à l'offenſe de l'infortuné, qui ſe trouvait en avoir perdu deux; le peuple ſentit, par la ſeule expoſition du fait, la néceſſité de la réforme; mais au lieu d'abolir la loi du Talion, il ſe contenta de ſtatuer que le coupable, qui rendrait un borgne aveugle, deviendrait aveugle à ſon tour.

La ſeconde modification regardait une loi civile, qui permettait à une orpheline de demander ſon plus proche parent en mariage, mais qui laiſſait à ce parent la liberté du refus, pourvu qu'il accordât à l'orpheline, une dot modique de cinq cents drachmes (un peu plus de 360 livres de notre monnaie). Le peuple, en faveur d'une fille de grande naiſſance, à qui cinq cents drachmes ne ſuffiſaient pas, pour procurer un mari, caſſa la clauſe, & obligea le parent à épouſer l'orpheline.

Le dernier changement fait au code de Charondas, concerne la liberté du divorce. Un vieillard reſpectable avait été abandonné récemment par ſa femme, qui, encore dans la fleur de ſa jeuneſſe, était ſur le point d'épouſer ſon jeune amant; un pareil déſordre, s'il avait été autoriſé, pouvait amener la décadence des mœurs publiques. A la prière du vieillard, il fut ſtatué qu'une femme ne pourrait prendre un mari plus jeune que celui qu'elle aurait quitté, & le mari, lui-même, fut ſoumis, à l'égard de ſa femme, à la même loi. Ce règlement, en mettant un frein à la licence des divorces, rendit plus vénérable aux peuples, la ſainteté des mariages.

On attribue à Charondas, le même genre de mort qu'au farouche Dioclès, le Légiſlateur de Syracuſe. Ce Sage était allé à la campagne, armé d'une épée, pour ſe défendre contre les brigands qui infeſtaient les routes ; à son retour dans Thurium, il vit le peuple ameuté, &, sans songer à déposer ses armes, il se rendit dans la place publique, pour appaiser le tumulte. Un de ses ennemis (car le grand homme en a toujours) lui dit, avec aigreur, qu'il violait sa propre loi, en se présentant, avec une épée, dans une assemblée nationale. *Ma loi est juste*, répond Charondas, *& je la scelle par ma mort* ; à l'instant il se lève, prend son épée, la plonge dans son sein, & tombe mort sur les degrés de son tribunal.

Vers le tems ou Charondas étonnait, par la sagesse de son code, les citoyens de Thurium, Zaleucus, un des disciples de Pythagore, rendait le même service aux habitans de Locres. Les Anciens nous ont conservé le préambule des loix de ce Philosophe ; c'est un des plus beaux monumens de morale qui existe ; il peut, par sa simplicité sublime, soutenir le parallèle avec les plus célèbres des pensées philoſophiques de Congfutſée ou de Marc-Aurèle (a).

» Tout citoyen doit être perſuadé de » l'exiſtence de la Divinité. Il ſuffit d'ob-» ſerver l'ordre & l'harmonie de l'univers, » pour être convaincu que le haſard ne » peut l'avoir formé.

» On doit maîtriſer ſon ame, la pu-» rifier, en écarter tout le mal, perſuadé » que Dieu ne peut être bien ſervi par » les pervers, & qu'il ne reſſemble point » aux miſérables mortels, qui ſe laiſſent » toucher par de magnifiques cérémonies, » & par de ſomptueuſes offrandes. La » vertu ſeule, & la diſpoſition conſtante » à faire le bien, peuvent lui plaire. » Qu'on cherche donc à être juſte dans » ſes principes & dans la pratique. C'eſt » ainſi qu'on ſe rendra cher à la Divinité.

(a) Nous ſuivons la traduction qui en a été faite par le plus beau génie de ce ſiècle. *Nouv. Mélang.* tome 1, pag. 126.

» Chacun doit craindre ce qui mène à » l'ignominie, bien plus que ce qui con- » duit à la pauvreté.

» Il faut regarder comme le meilleur » citoyen, celui qui abandonne la fortune » pour la justice ; mais ceux que leurs » passions violentes entraînent vers le » mal, hommes, femmes, citoyens, » simples habitans, doivent être avertis » de se souvenir des Dieux, & de pen- » ser souvent aux jugemens sévères qu'ils » exercent contre les coupables ; qu'ils » aient devant les yeux l'heure fatale qui » nous attend tous, heure où le souvenir » des fautes amène les remords, & le » vain regret de n'avoir pas soumis tou- » tes ses actions à l'équité.

» Chacun doit se conduire, à tout » moment, comme si ce moment était » le dernier de sa vie ; mais si un mauvais » génie le porte au crime, qu'il fuie » aux pieds des autels, qu'il prie le Ciel » d'écarter loin de lui ce génie malfai- » sant, qu'il se jette, sur-tout, entre les

» bras des gens de bien, dont les conſeils » le rameneront à la vertu, en lui repré- » ſentant la bonté de Dieu & ſa ven- » geance «.

HISTOIRE DE CORYNTHE,

DEPUIS LES PRYTANES.

TYRANNIE DE CYPSÈLE.

IL faut regarder, quant à l'ordonnance, l'hiſtoire de l'ancienne Grèce, comme un magnifique Poëme épique, dont les héros ſont dans le Péloponèſe, tandis que les annales des autres peuples en forment les épiſodes. Les annales des Colonies de l'Italie & des Puiſſances de l'Archipel, n'étaient pas aſſez fertiles en grands évènemens, pour que nous nous permiſſions de les préſenter ſous pluſieurs tableaux;

auſſi nous avons reſſerré, dans un ſeul cadre, chacune de ces épiſodes; revenus maintenant au centre de notre ſujet, nous allons ramener ſur la ſcène les héros que nous avons quittés, sûrs qu'on peut les deſſiner, avec ſuccès, ſous tous les points de vue, & qu'en coupant l'intérêt qu'ils produiſent, on ne le fait pas diſparaître.

Corynthe eſt une des villes qui jouent les premiers rôles dans le grand Poëme épique de l'Hiſtoire de la Grèce. Nous avons expoſé, dans un premier tableau, les détails connus ſur ſa Monarchie primitive (*a*). La conquête des Héraclides fit paſſer enſuite ſur ſon trône quelques Deſpotes qui l'opprimèrent, mais obſcurément (*b*), juſqu'à ce que le peuple, las d'une tyrannie, qui s'exerçait à-la fois ſur la nation & ſur les individus, ſecoua un

(*a*) *Hiſtoire de la Grèce*, tome 3, pag. 198.

(*b*) Voy. tome 4, pag. 85 & 132.

joug odieux, & substitua, au Gouvernement absolu, une Aristocratie, régie par un Magistrat annuel, sous le nom de Prytane.

Les derniers rejettons de la dynastie royale des Bachiades, qui venait d'être détrônée, réclamèrent contre une révolution qui les privait de ce qu'ils appellaient l'héritage de leurs ancêtres. & comme ils eurent la modération d'exposer leurs droits sans tirer l'épée, les Corynthiens, non moins généreux, les choisirent pour les membres de leur Aristocratie : ainsi, le sceptre sembla ne point sortir de leurs mains. Les Bachiades n'eurent plus le nom de Rois, mais ils en conservèrent le pouvoir, en concentrant, dans leur famille nombreuse, tous les honneurs du Gouvernement & toutes ses magistratures.

Le Gouvernement des Prytanes, qui avait commencé l'an 837 de l'Ere de Paros, dura quatre-vingts-dix ans, & pendant cet intervalle, Corynthe, tranquille & heureuſe, ſe couvrit d'édifices magnifiques, appella le commerce & les arts dans l'enceinte de ſes murailles, & ſe créa une marine, avec laquelle elle devint une des Puiſſances prépondérantes du Péloponèſe.

Les Bachiades (a) avaient eu longtems la politique de s'allier entr'eux, pour ne point donner à des étrangers un droit vague aux magiſtratures de Corynthe : mais Labda, une de leurs filles, née laide & boîteuſe, n'ayant pu trouver d'époux dans ſa famille, obtint la permiſſion de donner ſa main à un Lapithe, & l'enfant qui en naquit, renverſa la République.

L'imagination d'Hérodote s'eſt beaucoup exercée ſur la naiſſance de ce tyran de Corynthe. Le Lapithe, ſon père, s'il en faut croire ce Père de l'Hiſtoire, voyant Labda ſtérile, demanda un enfant à l'O-

(a) *Herod.* lib. 5.

racle d'Apollon ; le Dieu l'exauça, & promit qu'il naîtrait de lui un fils qui, *tombant comme un rocher ſur le Gouvernement de ſa patrie, l'écraſerait.* Les Bachiades, qui avaient des eſpions juſques dans les temples, apprirent la réponſe de l'Oracle, & tout entiers à leur terreur ſuperſtitieuſe, ils cherchèrent à ſauver Corynthe de l'éruption fatale du rocher.

Le projet qui parut le plus ſimple aux Sénateurs Corynthiens, fut de faire périr l'enfant du Lapithe, auſſi tôt qu'il verrait le jour : ils conſervèrent donc leur ſecret pendant neuf mois, & au bout de ce tems, ſachant que Labda était accouchée, ils envoyèrent dix d'entr'eux à la maiſon du Lapithe, pour immoler leur victime.

Labda, qui ne ſoupçonnait aucun deſſein ſiniſtre, voyant arriver les chefs de ſa famille, leur remit elle-même ſon fils, pour que ſon cœur maternel jouît de leurs careſſes. Ceux-ci étaient convenus que le premier d'entr'eux qui tiendrait l'enfant, le laisserait tomber par terre, comme par hasard, mais de manière que la chûte fût assez violente pour lui donner la mort. Le hasard voulut que le jeune infortuné sourit au premier des conjurés qui, ne pouvant se résoudre à une pareille barbarie, le remit entre les mains d'un second, & celui-ci à un troisième jusqu'au dernier, qui, encouragé par l'humanité de ses complices, le rendit à sa mère.

A peine les dix Sénateurs étaient-ils dans le vestibule, qu'ils rougirent d'avoir fait céder la politique à la nature : ils se reprochèrent mutuellement leur faiblesse, & rentrèrent, résolus de prendre leur victime.

Heureusement Labda avait entendu le débat des conjurés, &, craignant tout du machiavélisme des Aristocrates de Corynthe, elle cacha son fils de manière, qu'il fut impossible de le découvrir. Les assassins, de retour, firent entendre au Sénat, que l'ennemi commun n'était plus, & on ne s'inquiéta plus de la chûte du rocher.

Pour l'enfant mystérieux, sa mère, par reconnaissance pour la mesure de grain (en grec *Cypselos*) qui avait servi à le dérober aux regards de ses meurtriers, lui en donna le nom, & elle l'éleva comme un être protégé par le Ciel, & appellé aux plus grandes choses.

Cypsèle, en âge de raison, à force d'entendre dire qu'il serait un jour Roi de Corynthe, songea à le devenir. Il commença par faire sa cour au peuple, par le flatter dans ses caprices, & le servir dans ses fureurs. Il se vit bientôt un parti puissant; alors, il travailla, avec activité, à opérer une révolution. Les plus grands ennemis du pouvoir absolu, étaient les Bachiades; il sçut les écarter, avec adresse (a), en leur persuadant, à la veille d'une guerre, d'aller interroger

(a) *Polyen*, lib. 5, cap. 31.

l'Oracle d'Apollon, ſur la deſtinée de Corynthe. L'élite du Sénat partit, à l'inſtant, avec ſon Prytane; mais à peine l'ambaſſade religieuſe était-elle hors des portes de la ville, qu'un décret, émané du peuple, lui en interdit le retour.

Les Corynthiens, en ſervant Cypsèle, avaient cru ménager, pour le corps de la Nation, le pouvoir ſouverain : ils furent trompés cruellement dans leur attente. Le factieux, qui les avait joués, ſubſtitua ſa propre tyrannie au deſpotiſme modéré des Ariſtocrates.

Cypsèle commença ſon règne comme les deux Denys de Syracuſe; il ſupprima les aſſemblées nationales, fit des tribunaux les organes de ſes volontés, & étouffa les murmures naiſſans, par le ſang des Bachiades.

C'eſt dans ces tems de proſcription, que Démarate, le plus riche citoyen de Corynthe, voyant une infâme délation, empoiſonner juſqu'à ſa penſée, quitta ſa patrie, & vint chez les Etruriens : on ſait que ce Démarate eſt la tige de la famille célèbre des Tarquins, qui donna à Rome un Roi & un tyran.

Quand Cypsèle ſe vit affermi ſur ſon trône, n'ayant plus beſoin de la politique féroce qui l'y avait fait monter, il chercha à ramener, par ſa douceur, les cœurs qu'il s'était aliénés : il renvoya ſes gardes, fit grace à ſes ennemis, & donna, au peuple, quelque part dans le Gouvernement. De ce moment, Corynthe regretta moins ſes Prytanes ; on ne ſait point à quelle époque de ſon adminiſtration Cypsèle devint un bon Roi. Ce Prince mourut après un règne de trente ans, & laiſſa ſa couronne à Périandre ſon fils, un des ſept Sages de la Grèce.

TYRANNIE ABOMINABLE DE PÉRIANDRE, UN DES SEPT SAGES DE LA GRÈCE (a).

CYPSÈLE, pour former son fils dans l'art de régner, l'avait fait Souverain d'Ambracie : ainsi, c'est dans cette petite ville de l'Acarnanie que Périandre, appellé un jour à gouverner Corynthe, fit son apprentissage de tyrannie ; tant qu'il n'attenta qu'à la liberté de ses sujets, ils

(a) *Herod.* lib. 1, 3 & 5 ; *Diog. Laërt.* in Periandr. *Aristot.* Politic. lib. 5 ; *Maxim. Tyr.* Serm. 38 ; *Plutarch.* conviv. sept Sapient.

gémirent,

gémirent, en silence; mais il osa attenter aux mœurs publiques, & ce fut le signal de leur révolte. Ce Prince aimait, depuis long-tems, un jeune citoyen d'Ambracie; il lui fit violence, &, joignant la dérision à la scélératesse, il lui demanda, publiquement, s'il naîtrait un fruit de leurs amours; ce trait abominable souleva toute la ville; il se trama une conjuration où Périandre succomba, & perdit sa couronne.

Le crime qui ôta, à Périandre, le sceptre d'Ambracie, n'était pas le premier de ce genre qui eût souillé sa jeunesse : on savait que sa propre mère avait été éprise de sa beauté, & qu'il s'était prêté, sans répugnance, à l'inceste. Aussi la Grèce entière le regardait avec indignation; car les peuples, qui l'habitaient, avaient des mœurs, & Diogène le Cynique ne s'était pas encore avisé de mettre la pudeur au rang des problêmes.

Périandre, appellé au trône de Corynthe, y porta l'ame du tyran d'Ambracie : il lui manquait la théorie du despotisme, & il la reçut de Thrasibule de Milet, un des hommes de son siècle le plus initié dans les mystères du machiavélisme. Voici, à cet égard, une lettre de ce dernier Prince, qui nous a été conservée, en original, par Diogène.

» Tu me fais demander, Périandre, » des conseils sur l'art de régner : ces » conseils, s'ils passaient par l'organe » d'un tiers, seraient de nature à nous » compromettre tous deux. Je me suis » donc contenté de mener ton envoyé » dans un champ sur le point d'être » moissonné, & tandis qu'il me suivait, » j'abattais, en silence, les épis dont la » tête s'élevait au-dessus des autres, lui » recommandant de te faire un récit » fidèle de ce qu'il voyait. Cet apo- » logue te regarde, Périandre ; si tu » veux conserver ton trône, fais périr » tout ce qui peut te faire ombrage. » Amis ou ennemis, n'importe, il n'y » a point d'amis pour qui veut régner «.

On ſait que dans une occaſion pareille, Tarquin donna à ſon fils la même leçon de tyrannie. Il eſt probable que la tradition s'en était conſervée dans la famille du Corynthien Démarate, un des aïeux du Deſpote de Rome; car les tiges de pavots coupés, ſont évidemment la copie des épis de Thraſibule.

Périandre mit à profit les leçons terribles du tyran de Milet; il ſe défit des Bachiades, que Cypsèle ſon père avait épargnés, il inonda de ſang les avenues du trône, & du moment qu'il ſe vit la terreur des peuples, il ſe crut Roi.

Le Néron de Corynthe avait épouſé Méliſſa, fille de Proclès, Deſpote d'Epidaure. Cette Princeſſe avait une vertu auſtère, faite pour la rendre odieuſe au tyran; mais ſa beauté touchante la protégeait ſans ceſſe contre les attentats qui menaçaient ſa vie. Des courtiſannes, qui partageaient avec elle le cœur de Périandre, répandirent, avec adreſſe, des nuages ſur ſa fidélité, & un jour que l'infortunée refuſait de deſcendre à une juſtification qui l'aviliſſait, le monſtre couronné la précipita, toute enceinte qu'elle était, du haut des degrés de ſon palais, la foula à ſes pieds, & lui ôta la vie.

A peine Méliſſa rendait-elle les derniers ſoupirs, que Périandre, à la vue de ſa victime, dont les ombres de la mort n'avaient pas encore tout-à-fait flétri les charmes, ſentit des remords : il condamna les courtiſannes, qui avaient ulcéré ſon cœur, à périr dans les flammes, & cette barbarie n'éteignant point ſon délire, il fit porter le cadavre de ſon épouſe ſur le lit nuptial, & chercha à réaliſer la fable de Pigmalion.

Méliſſa avait donné deux fils au tyran de Corynthe; Proclès, leur aïeul, tremblant pour leur vie, tant qu'ils reſpireraient le même air que l'aſſaſſin de leur mère, les fit venir à Epidaure. De ces deux enfans, l'aîné, qui portait le nom de Cypſèle, quoiqu'âgé de dix-huit ans, annonçait, par la faiblesse de ses organes, qu'il ne sortirait jamais de l'enfance ; pour Lycophron, son cadet, il avait de l'élévation dans l'ame, & du génie. C'est à lui que Proclès dit, en le renvoyant à Corynthe : *Tu sors de la maison où naquit ta mère, & tu vas dans celle de son assassin.* Le jeune Prince sentit vivement cet adieu funeste de son aïeul, & de retour dans sa patrie, il ne répondit que par le silence d'une indignation concentrée, à toutes les caresses de son père.

Ce père terrible commence par bannir Lycophron de sa présence ; ensuite, apprenant le secret des adieux sinistres de Proclès, sa fureur s'accroît, & il ordonne au Corynthien, qui avait donné un asyle à son fils, de le chasser. L'infortuné se présente de maison en maison ; quelques citoyens ferment leurs portes à sa vue ; d'autres, moins vils, accueillent un moment le fils de leur Roi ; mais bientôt, craignant les menaces de Périandre, ils l'abandonnent, en gémissant, à sa destinée.

Le tems n'affaiblit point la rage du tyran de Corynthe. Occupé ſans ceſſe du plaiſir barbare de tourmenter, & s'acharnant, comme le vautour de Prométhée ſur ſa victime, il fit publier un édit, par lequel il condamnait à une amende très-forte tout citoyen qui ſerait convaincu d'avoir parlé au fils de Méliſſa; un pareil édit n'eſt guères dans nos mœurs; mais tout devient vraiſemblable, quand on connaît les caprices féroces du pouvoir abſolu. Quoiqu'il en ſoit, le malheureux proſcrit ne trouva pas, dans la ville où il devait régner, un ſeul cœur ſenſible où il pût épancher le ſien; par-tout où il paſſait, il voyait la foule ſe diſperſer; les Prêtres même, à ſon approche, fuyaient dans l'intérieur des temples, & l'infortuné était obligé de paſſer la nuit ſous les portiques d'anciens édifices abandonnés, dont les ruines menaçaient ſa tête.

Il y avait déja trois jours que Lycophron, exténué de ſommeil & de faim, errait dans cette ville immenſe, que ſa présence changeait en solitude, quand Périandre le rencontra. » Homme in-» flexible, lui dit le tyran, vois ce que » tu es & ce que tu perds; cesses donc » de m'irriter par ton silence farouche, » obéis à ton père & à ton Roi, reviens » dans mon palais, & tâche de mériter, » à force de services, le trône auquel » mon indulgence te destine «. — Ce Prince, que l'oppression n'avait servi qu'à aigrir, ne répondit autre chose à son père, sinon qu'il avait encouru l'amende, puisqu'il avait parlé à l'infortuné que lui-même avait proscrit; Périandre vit, par ce mot, que son fils était perdu pour lui, & il l'exila à Corcyre.

Quelque tems après, sa rage manquant d'aliment, il accusa Proclès, son beau-père, d'avoir aliéné de lui le cœur de Lycophron; alors il marcha contre lui à la tête d'une armée, s'empara d'Epidaure, où il régnait, opprima son peuple, & le fit jetter lui-même dans le fond d'une prison.

Cependant Cypsèle, l'aîné des fils du tyran, entrait vainement dans l'âge de la maturité, & la faibleſſe de ſes organes trahiſſait celle de ſon intelligence. Périandre déja vieux, & craignant que le ſceptre n'échappât de ſes mains défaillantes, fit céder le courroux à la politique, & écrivit à Lycophron, qu'il pouvait venir partager avec lui le trône de Corynthe. Le Prince ne répondit point à cette lettre. Périandre ne ſe rebuta point, & envoya ſa fille à Corcyre, pour qu'elle négociât le retour de ſon frère. Lycophron reſta inflexible; il aſſura ſa ſœur que jamais ſa patrie ne le reverrait, tant qu'elle ſerait gouvernée par l'aſſaſſin de ſa mère, & la Princeſſe vint rapporter cette réponſe à Périandre.

Cependant Corynthe commençait à s'agiter; comme le génie du tyran avait perdu de ſa force, on diſſimulait moins les murmures que faiſait naître le deſpotiſme de ſon gouvernement. Celui-ci craignit de terminer ſa carrière dans une ville qui avait été ſi long-tems le théâtre de ſes crimes, & réſolu de mourir à Corcyre, il fit dire à Lycophron, qu'il lui abandonnait le trône de Corynthe. Déja les deux Princes étaient en route, l'un pour aller mourir dans ſon exil, & l'autre pour aller régner, quand les Corcyréens, qui tremblaient d'avoir Périandre parmi eux, afin de le faire retourner à Corynthe, aſſaſſinèrent Lycophron.

L'attentat de ces Inſulaires ne reſta pas ſans vengeance; Périandre, inſtruit qu'il n'avait plus de fils, fait partir, pour Corcyre, les ſatellites de ſa tyrannie, qui ſe ſaiſiſſent de trois cents enfans des meilleures familles de l'iſle, afin de les vendre en Lydie au Roi Alyatte, qui avait promis d'en faire des Eunuques. Heureuſement, le vaiſſeau qui portait ces infortunés, fut obligé de relâcher à Samos, & ils trouvèrent, dans le temple de Diane, un aſyle que la ſuperſtition de leurs conducteurs n'oſa violer. Périandre apprit le peu de ſuccès de ſa vengeance, & cette nouvelle lui donna une fièvre lente, que tout l'art de la Médecine ne put guérir; ainſi le poiſon lent du chagrin, termina des jours que la juſtice du Ciel & de la Terre, avait dévoués à l'échaffaut.

Encore, s'il en fallait croire Diogène, le tyran, quoique le chagrin ſeul eût été ſon bourreau, ne mourut pas dans ſon lit. Inſtruit de la haîne de ſes peuples, & ſe doutant que Corynthe libre, s'empreſſerait de troubler l'aſyle où devait repoſer ſa cendre, ce monſtre qui, malgré ſon ſyſtême réfléchi de ſcélérateſſe, croyait à l'immortalité, eut recours à un moyen bien étrange, pour tromper la vengeance publique: il inſtruiſit deux de ſes favoris, d'une route détournée, par où devait paſſer, pendant la nuit, un grand coupable; il leur ordonna de l'aſſaſſiner, & de couvrir, à l'inſtant, de terre ſon cadavre. Enſuite il gagna, à force d'argent, quatre autres brigands, qui devaient, à quelque diſtance de là, égorger les deux aſſaſſins & les enterrer, pour être, eux-mêmes, maſſacrés après, & enſevelis par de nouveaux ſatellites de la tyrannie. Le complot ainſi arrangé, la nuit fixée pour ſon exécution, le grand coupable ſe préſenta devant les deux premiers aſſaſſins; ce grand coupable était Périandre lui-même, qui, traînant avec peine ſon corps uſé par l'âge & par la double fièvre lente du chagrin & des remords, préſenta ſa gorge aux poignards, & fut inhumé dans l'endroit même où il rendit les derniers ſoupirs; comme ſes aſſaſſins furent, un inſtant après, aſſaſſinés à leur tour, la trace qui pouvait conduire à la découverte de ſon cadavre, diſparut. Quoiqu'il en ſoit de cette anecdote, Périandre avait quatre-vingts ans quand il mourut, & il avait étendu, pendant quarante ans, ſon ſceptre de fer ſur les Corynthiens.

Nous avons vu, dans le cours de cette Hiſtoire, que Périandre ſe joua, toute ſa vie, des mœurs & des loix; qu'il ſe glorifiait de ſon inceſte & de ſa proſtitution à des Ganymèdes; qu'il ne connut ſa patrie que pour l'aſſervir, ſon fils que pour le profcrire, fa femme que pour l'affaffiner, eh bien! ce monftre, fouillé de crimes & couvert d'opprobre, il faut le dire, à la honte de fon fiècle & de ceux qui l'ont fuivi, a été mis, prefqu'unanimement, au rang des fept Sages de la Grèce (a).

Nous verrons, dans la fuite, la terre non moins criminelle, adopter auffi les menfonges adulateurs des Romains fur Augufte, &, trompée par quelques momens brillans d'une longue tyrannie, faire, de cet heureux fcélérat, un grand homme.

Par quel preftige l'Hiftoire, qui ne

(a) Je fais que des écrivains anciens, ne pouvant concilier la vie de ce monftre avec fa renommée, ont tenté d'admettre deux Périandres, l'un tyran de Corynthe, & l'autre fimple Philofophe. Mais cette opinion contredit fi fort les faits & les dates, que je n'ai pas cru devoir feulement en parler, dans le texte de cette Hiftoire.

marche d'ordinaire que d'après les faits, dupe d'une vaine renommée, s'est elle ainsi laissé surprendre à mentir deux fois à l'espèce humaine, en faisant de Périandre un sage, & d'Auguste un grand homme? C'est que ces tyrans, dans les momens de repos que leur laissait leur fureur épuisée, appellèrent les Arts autour de leurs trônes, & se firent un rempart, contre la haîne des siècles, avec les éloges qu'ils mendiaient dans les Poëmes Epiques, & dans les harangues.

Un des Artistes les plus célèbres que protégea Périandre, fut Arion. Ce Musicien, initié dans tous les mystères de l'harmonie, naquit à Méthymne, &, s'étant venu établir à Corynthe, le tyran, à qui son talent ne pouvait faire ombrage, le combla de bienfaits; charmé d'étendre sa renommée, Arion voyagea, ensuite, en Sicile & en Italie, & par-tout accueilli, il amassa des richesses immenses, qui pouvaient l'égaler aux petits Souverains de la Grèce.

A ſon retour dans le Péloponèſe, l'Artiſte eut le malheur de confier ſa perſonne & ſon or à des pirates, qui vivaient de leurs brigandages. A peine le vaiſſeau était-il en haute mer, que les matelots, conjurés contre lui, s'emparèrent de ſes tréſors, & ſe mirent en devoir de l'aſſaſſiner. L'infortuné, dans ce moment terrible, employa toute ſon éloquence pour ſauver ſa vie; mais les ſcélérats, quand ils ſont sûrs de l'impunité, n'ont point d'entrailles. L'unique grace qu'obtint Arion, fut la liberté de ſe précipiter lui-même dans les flots. A cet effet, il monte ſur la poupe; là, revêtu de ſes habits les plus magnifiques, il prend ſa lyre & chante ſa mort; il ſe flattait, ſans doute, que la douceur de ſes accens, attendrirait les matelots; mais tout fut inexorable : alors il ſe jetta dans la mer, & les brigands, croyant l'Artiſte ſubmergé, cinglèrent vers Corynthe.

Heureuſement pour Arion, un vaiſſeau étranger faiſait voile dans les mêmes parages; il lutta contre les vagues, jusqu'à ce qu'il fût à sa portée, & il y trouva, en effet, des hommes compâtissans, qui s'empressèrent à le recueillir. Comme ce navire avait un dauphin sculpté à sa proue, Arion profita de l'équivoque, pour dire que le poisson de ce nom, enchanté des accens de sa lyre, l'avait porté sur son dos jusqu'au rivage. L'imagination Grecque, avide de merveilles, sur-tout quand il s'agissait de la gloire des Arts, adopta celle-ci avec empressement; & bien-tôt, il ne fut pas plus permis de douter du dauphin, sauveur d'Arion, que du taureau qui ravit Europe, ou de l'aigle divinisée, qui enleva Ganymède.

Périandre, non content de protéger les Arts agréables, les cultiva lui-même. On cite, de lui, des préceptes moraux, en deux mille vers, où son cœur était, à chaque instant, démenti par sa plume. Ces sentences, versifiées, contribuèrent, sans doute, à mettre leur Auteur au rang des sept Sages.

Après la mort de Périandre, un Psammétique, fils de Gordius, & de la famille Royale de Cypsèle, régna obscurément dans Corynthe, pendant trois ans; mais quand ce dernier Prince ne fut plus, les peuples, las d'obéir à des despotes, imbécilles ou cruels, rétablirent l'ancienne République; ainsi la tyrannie des Cypsélides, ne dura que soixante & treize ans, & finit précisément à la dernière année du dixième siècle de l'Ere de Paros.

Corynthe, libre, aurait pu, par sa position heureuse, par la considération dont elle jouissait, & par le nombre de ses colonies, commander à toutes les mers du Péloponèse; mais elle préféra une marine marchande à une marine guerrière, ce qui lui assura une prospérité constante, sans exciter l'envie des Puissances rivales. Grace à une politique si sage, cette ville riche & tranquille, mais privee de cette existence brillante, qui fait l'ame de l'histoire, se maintint indépendante pendant quatre cents trente-six ans, c'eſt-à-dire, juſqu'à ce que, devenue l'objet de la jalouſie de Rome, elle fut miſe en cendres par Mummius.

DE

THÈBES, RÉPUBLIQUE.

RÉVOLUTION QUI LA DÉROBE AU JOUG DE LACÉDÉMONE (a).

THÈBES, sans marine, sans colonies, sans considération personnelle, semblait bien moins faite que Corynthe, pour se rendre un jour, une des Puissances dominantes de la Grèce ; cependant elle le

(a) *Diod. Sicul.* lib. 15 ; *Xenoph.* Hellen. lib. 5 ; *Plutarch.* in Pelopid. ; *Cornel. Nepos*, in Epaminond. ; ces Ecrivains nous serviront de guide pour toute l'histoire de Thèbes, République.

devint, grace à deux hommes ſupérieurs, qui naquirent dans ſes remparts ; car il appartient aux hommes ſupérieurs, de faire la deſtinée de leur patrie, ſur-tout dans les Républiques, où le génie eſt toujours à ſa place.

Thèbes, République, n'a point, juſqu'ici, fixé nos crayons (*a*) ; c'eſt que depuis la diſſolution de ſa Monarchie, juſqu'à la paix d'Antalcidas, époque où nous reprenons ſon hiſtoire, c'eſt-à-dire, pendant un intervalle de plus de ſept ſiècles & demi, toujours faible & ignorée, ne communiquant, avec le reſte de la Grèce, que par les jeux ou la religion, cherchant ſans ceſſe des protecteurs parmi ſes voiſins, & n'y trouvant que des maîtres, elle n'a pas acheté, par un ſeul évènement mémorable, les regards de la

(*a*) Voyez, ſur la Monarchie de Thèbes, le troiſième volume de cette *Hiſtoire de la Grèce*, pag. 1.

postérité ; il a fallu qu'Epaminondas & Pélopidas naquissent, pour tirer cette Puissance de sa longue léthargie, & encore, l'histoire de Thèbes, à cette époque brillante, n'est guere que celle de ces deux grands hommes.

La paix d'Antalcidas, si ignominieuse pour la Grèce, rendait libres toutes les villes de la Béotie, ce qui morcelait la puissance de sa Métropole, & lui ôtait le peu de ressort qui lui restait encore. Lacédémone, qui s'arrogeait la garantie du traité, profita de la faiblesse de Thèbes, pour la mettre sous le joug, & elle le fit avec une perfidie, plus digne d'un conquérant tel que Cambyse, que des généreux descendans des Lycurgue & des Léonidas.

Pour entendre tout le machiavélisme de cette politique Lacédémonienne, il faut savoir que Thèbes, au tems de la paix d'Antalcidas, était partagée en deux factions ; l'une était pour la démocratie simple, & l'autre pour l'aristocratie ; or, comme la concorde ne pouvait ſubſiſter à l'extérieur entre les citoyens, que par l'équilibre que le Gouvernement maintenait entr'elles, on avait ſoin de confier les premières Magiſtratures, également aux chefs des deux partis. Des deux Polémarques qui gouvernaient Thèbes, à l'époque où nous ſommes, l'un (Iſménias) dirigeait la faction populaire; l'autre (Léontidas) était porté par la Nobleſſe; ces deux hommes, qui par leurs places préſidaient les Tribunaux, & commandaient les armées, ſe ſurveillaient ſans ceſſe, & la ville, forte de leur déſunion, ne croyait pas avoir beſoin de ſe prémunir contre les entrepriſes des grandes Puiſſances du Péloponèſe.

Le Spartiate Phébidas vint, ſur ces entrefaites, à la tête de quelques troupes, camper ſous les remparts des Thèbes, pour aider, s'il le fallait, Eudamidas ſon frère, qui faiſait le ſiége d'Olynthe. Il ſe lia, pendant ſon ſéjour, avec Léontidas, & le perfide Polémarque lui propoſa de s'emparer de la citadelle de Thèbes, pour faire paſſer la République entière ſous le joug de Lacédémone. Le Spartiate, initié dans le machiavéliſme de Lyſandre, & perſuadé, comme lui, que le crime ne l'eſt pas, quand il eſt heureux, entra dans toutes les vues du Polémarque, & un jour que les Thébains, tranquilles ſur la foi des traités, avaient dépoſé leurs armes, pour célébrer, avec plus de décence, la fête de Cérès, conduit par Léontidas, il ſe fit ouvrir les portes de la citadelle. Le ſuccès de la perfidie fut entier, on enleva, dans Thèbes, le Polémarque de la faction populaire, &, après l'avoir enchaîné, on en nomma un autre à ſa place; quatre cents Républicains, à la tête deſquels était Pélopidas, furent bannis; pour Epaminondas, qui, en qualité de citoyen pauvre & de Philoſophe, faiſait moins d'ombrage, on le laiſſa déclamer obſcurément dans la ville, contre la révolution. Le manteau de la Philoſophie, cacha ce grand homme aux yeux des tyrans de

Thèbes, comme nous verrons, dans la ſuite, le maſque de la ſtupidité, cacher Brutus aux yeux des Tarquins.

La priſe de Thèbes, fit grand bruit dans le Péloponèſe; toutes les Puiſſances, jalouſes de Lacédémone, tonnèrent contre ſa tyrannie, &, malgré ſon orgueil, elle fut obligée de reculer. Le jugement que rendit, dans cette affaire, ſon Sénat, juſqu'alors ſi renommé par ſon intégrité, prouve juſqu'à quel point les ſages inſtitutions de Lycurgue avaient dégénéré. Le réſultat des délibérations, fut que Phébidas ſerait privé du commandement, & condamné à une amende, mais que la citadelle de Thèbes, reſterait au pouvoir des Spartiates. Ainſi, par cette ſentence contradictoire, on puniſſait le perfide, & on recueillait le fruit de ſa perfidie.

Sparte ne s'en tint pas à cette infraction ſolemnelle du droit des gens; elle envoya des Commiſſaires à Thèbes, qui firent le procès à Iſménias; l'infortuné Polémarque, à qui on ne pouvait reprocher d'autre crime, que d'avoir été Républicain à la manière de son pays, & non à celle des Spartiates, fut condamné à mort, & périt sur un échaffaut.

Un tel crime ne pouvait exciter que des murmures d'indignation dans tout le Péloponèse, & ce fut, par des crimes nouveaux, que les tyrans de Thèbes cherchèrent à les étouffer. Sparte, instruite que les bannis avaient trouvé un asyle dans Athènes, écrivit une lettre hautaine aux Archontes, pour leur ordonner de les chasser de l'enceinte de leurs murailles, & comme le silence du dédain fut la réponse des concitoyens d'Aristide & d'Alcibiade, Léontidas, ce perfide Polémarque, qui avait vendu sa patrie aux Lacédémoniens, envoya des assassins pour égorger les bannis, au milieu même d'Athènes; la trame, mal ourdie, n'eut pas tout le succès dont on s'était flatté, & Androclidas, seul, y perdit la vie.

Cependant, les deux seuls héros dont Thèbes, République, s'honore, ne s'endormaient pas ſur les déſaſtres de leur patrie. Pendant qu'Epaminondas, veillant de près ſes tyrans, dont il était lui-même mal obſervé, préparait, en ſecret, la révolution, Pélopidas, retiré dans Athènes, aſſemblait les bannis, échauffait, de ſon éloquence, leur ame incertaine, & les faiſait jurer de rendre Thèbes libre, ou de s'enſévelir ſous ſes ruines.

Le jour pour l'exécution de cette grande entrepriſe étant fixé, les bannis s'approchent de Thèbes, & s'arrêtent à un bourg ſitué à peu de diſtance, pour concerter les moyens de pénétrer dans la ville, ſans répandre un ſang inutile. Pendant qu'on délibère, douze conjurés, liés enſemble par l'amitié la plus étroite, & rivaux de gloire & d'honneur, ayant Pélopidas à leur tête, s'offrent d'entrer les premiers dans Thèbes, & d'affronter le premier danger, qui eſt toujours le plus grand, dans des entrepriſes de cette nature. On applaudit à leur audace; alors ils embraſſent, les larmes aux yeux, leurs compagnons, & ſe mettent en marche, vêtus à la légère, tenant des pieux, & menant des chiens en leſſe, comme s'ils étaient des chaſſeurs égarés. Ce déguiſement ne pouvait être utile que pour la route. Lorſque les douze guerriers approchèrent de Thèbes, ils prirent des habits de payſans, & entrèrent hardiment par diverſes portes. On était alors à l'entrée de l'hiver, & les flocons de neige qui tombaient, leur donnèrent le prétexte de ſe couvrir le viſage. Ainſi ils arrivèrent, ſans être reconnus, juſqu'à la maiſon d'un fameux Républicain, nommé Charon, qu'ils avaient inſtruit, de longue main, de la révolution qu'ils méditaient, & qui brûlait, avec un petit nombre de ſes amis, d'en partager les périls & la gloire.

Parmi les conjurés, non bannis, que Thèbes recelait dans ſes remparts, était Philidas, homme de plaiſir, & qui, à ce titre, était dans la faveur des tyrans. Il donnait, ce jour-là, un grand feſtin à Archias, un des Polémarques, de la faction Lacédémonienne, & à un grand nombre de Magistrats, aussi mal intentionnés contre la patrie. Ce festin était annoncé une comme orgie licentieuse, où, quand les plaisirs de la table seraient épuisés, on amènerait, dans les bras des convives, les plus belles femmes de la ville. Les Magistrats se rendirent à l'heure fixée, & Philidas compta, avec une joie inquiète, toutes ses victimes.

Les têtes commençaient déja à s'échauffer, quand un bruit sourd se répand, jusques dans la salle du festin, que Charon recèle chez lui les bannis; Archias envoye aussi-tôt un de ses Officiers chez ce Républicain, avec ordre de l'amener à l'heure même. Le moment approchait où les conjurés devaient faire couler le sang des tyrans. Pélopidas, ses douze compagnons & leurs amis, en tout au nombre de quarante-huit, s'armaient de leurs cuirasses, & faisaient étinceler leurs épées; tout-à-coup, on vient annoncer que Charon a ordre de se rendre auprès du Polémarque. Personne ne doute, alors, que la conspiration ne soit découverte ; cependant on engage Charon à obéir, &, supposé que les tyrans n'eussent que des soupçons vagues, de tâcher à les dissiper, par la sécurité apparente, de ses discours & de son visage.

Charon, homme à la fois sensible & courageux, savait braver les dangers pour lui-même, mais la destinée de ses amis l'effrayait. Il craignait, sur-tout, si Pélopidas & les bannis venaient à périr, qu'on ne le soupçonnât de les avoir attirés dans sa maison, pour les livrer à leurs bourreaux ; sa grande ame ne peut tenir à cette idée de perfidie, il court dans l'appartement de sa femme, prend son fils, âgé de quinze ans, l'unique espoir de sa maison, & le remettant entre les mains de Pélopidas : » ami, lui dit-il, mon » ame t'est connue, sans doute ; mais si » jamais je manque à la confiance dont » tu m'honores, si je deviens jamais un » des satellites des tyrans, je t'abandonne

» mon fils, punis-le des crimes de ſon » père, & prends ta victime «.

Pélopidas, ému de ce trait de grandeur d'ame, ſe réunit avec les conjurés, pour engager Charon à ne point laiſſer ſon fils parmi des proſcrits, & à l'envoyer plutôt hors de Thèbes, pour conſerver à la patrie un vengeur. » Non, répond le généreux » Républicain, il n'aura pas d'autre deſ- » tinée que celle de Pélopidas; eh! quelle » mort plus glorieuſe peut-il eſpérer que » celle qui nous attend? l'élite des citoyens » n'eſt-elle pas renfermée dans ces murs? » Thèbes & la poſtérité n'ont-elles pas » les yeux fixés ſur nous? & toi, mon » fils, prends, dans l'âge de l'adoleſcence, » le courage qui ſemble ne convenir qu'à » la maturité; combats pour la meilleure » des cauſes, & meurs, s'il le faut, pour » elle «. — Tout le monde était dans le ſilence de l'enthouſiaſme; Charon en profite, pour adreſſer une courte prière aux Dieux tutélaires de la patrie, embraſſe tous les conjurés les uns après les autres, ſerre ſon fils entre ſes bras, & va trouver le Polémarque.

Archias inquiet, était déja ſorti pour aller au-devant de Charon. Celui-ci compoſe ſon viſage & ſa voix, & perſuade au Polémarque, que le bruit de conſpiration qui venait de ſe répandre, ne venait que d'eſprits mal faits, qui cherchaient indirectement à troubler ſes plaiſirs. Le tyran, dont les fumées du vin commençaient à altérer la raiſon, crut ce qu'il deſirait lui-même, &, rentrant dans la ſalle du feſtin, rendit aux convives toute leur ſécurité.

Charon, de retour chez lui, trouva les conjurés diſpoſés, non à combattre, mais à mourir; le récit de ſon entrevue releva leurs eſpérances; ils ſe partagèrent à l'inſtant en deux bandes, dont l'une, conduite par Pélopidas, marcha contre Léontidas, qui n'était pas du feſtin, & l'autre, ayant Charon à ſa tête, s'achemina vers la maiſon, où on s'occupait à enivrer le Polémarque. Ces derniers, pour donner moins d'ombrage, ſe revêtirent, par-deſſus leurs cuiraſſes, de robes de femmes, & ceignirent leur tête de couronnes de peupliers, qui, tombant ſur leur viſage, ſervaient à déguiſer leur ſexe. Il était tems de conſommer la révolution, car, pendant que les conjurés étaient en route, un courier extraordinaire, arrivé d'Athènes, venait donner tous les détails de la conſpiration; on l'amena à Archias, à qui il dit, en remettant ſes dépêches, qu'il s'agiſſait de l'affaire la plus ſérieuſe: *eh bien*, dit le Polémarque à demi ivre, *à demain les affaires ſerieuſes*, & renvoyant le courier, il demanda à boire.

A peine l'Athénien eſt-il parti, qu'on annonce aux convives, que les beautés les plus piquantes de Thèbes, viennent partager leurs plaiſirs, alors un cri de joie, qui s'élève de toutes parts, indique au maître de la maiſon, que ſa patrie touche au moment d'être libre; cependant, pour plus grande ſûreté, il fait entendre au Polémarque, qu'il devrait, par décence, congédier les esclaves, & aussi-tôt on les fait passer dans une maison voisine, où le vin ne leur est point épargné. Les conjurés, maîtres, par ce stratagême, du champ de bataille, se dépouillent, à la porte de la salle, de leurs robes de femme, jettent leurs couronnes, & entrant, l'épée à la main, égorgent Archias avec les Magistrats de la nomination de Lacédémone.

Les autres conjurés eurent plus besoin de courage que d'adresse; car Léontidas, dont ils voulaient se défaire, avait la valeur d'un Spartiate, avec sa sobriété. Arrivés à sa porte, ils la trouvèrent fermée, parce que la nuit était déja avancée, & ils heurtèrent long-tems, sans que personne s'empressât de répondre. A la fin un esclave parut. Pélopidas & sa troupe fondent sur lui, le renversent, & cherchent à l'envi Léontidas. Celui-ci, réveillé par le tumulte, se doute qu'on en veut à sa vie, s'élance de son lit, & prend son épée. Malheureusement pour ce tyran, il oublia d'éteindre un flambeau, ce qui aurait pu, en armant les conjurés les uns contre les autres, assurer sa fuite; aussi Pélopidas, guidé par une lumière propice, dirigea ses coups sûrement, & après un combat opiniâtre, il le perça de son épée & le laissa sans vie.

Pélopidas n'attendit pas le point du jour, pour consommer le grand ouvrage de la révolution; il envoya avertir le reste des bannis qui l'avaient suivi d'Athènes, d'entrer dans Thèbes; en même-tems Epaminondas rassemble, sous les drapeaux de la liberté, les Républicains qui avaient échappé à la proscription, & tous ensemble vont forcer les portes des prisons, & rendent la liberté à cinq cents victimes de la tyrannie de Lacédémone.

Le soleil levant éclaira de ses rayons la liberté de Thèbes. L'assemblée du peuple ayant été convoquée, on vit paraître Pélopidas avec un cortège de Prêtres, portant les simulacres des Dieux tutélaires de la patrie, & le héros annonça que, grace au Ciel & à son épée, la ville était délivrée de ses tyrans. Les Thébains accueillirent, avec transport, sa harangue, & le nommèrent à l'instant, avec deux autres conjurés, aux premières Magistratures.

La nouvelle de l'entreprise héroïque de Pélopidas, ne tarda pas à se répandre dans toute la Grèce. Les villes alliées de Thèbes, & Athènes sur-tout, s'empressèrent de lui envoyer des troupes, pour achever de secouer le joug de Lacédémone, & le héros, se voyant à la tête d'une armée de douze mille hommes d'infanterie & de deux mille chevaux, tenta d'abord le siége de la citadelle.

La place comptait quinze cents soldats dans ses remparts, & ces quinze cents soldats étaient tous des Spartiates. Pélopidas vit bien que tant qu'il en respirerait un seul, il ne pourrait la prendre d'assaut, & il se détermina à changer le siége en blocus. En effet, quand les vivres manquèrent tout-à-fait dans la citadelle, on parla de capituler. Pélopidas, qui craignait l'arrivée d'une armée de Lacédémone, se hâta d'accorder à la garnison les conditions les plus avantageuses ; elle sortit en ordre de bataille, & choisit elle-même le lieu de sa retraite. L'évènement justifia la prudence du héros de Thèbes ; car les Lacédémoniens étaient à peine arrivés à Mégare, qu'ils trouvèrent leur Roi Cléombrote, à la tête d'une puissante armée, qui venait à leur secours. On ne peut exprimer la fureur de Sparte, quand elle apprit que la révolution de Thèbes était consommée ; ses Ephores firent le procès aux trois Officiers qui commandaient dans la citadelle ; les deux premiers furent punis de mort, & l'autre, ne pouvant payer l'amende considérable à laquelle il était condamné, se bannit lui-même du Péloponèse.

COMMENCEMENS DE PÉLOPIDAS ET D'ÉPAMINONDAS.

PÉLOPIDAS, le libérateur de Thèbes, était d'une famille illuſtre. Il ſe trouva, étant encore jeune, héritier d'une fortune immenſe, qui lui ſervit (trait aſſez rare dans une République), non à ſe mettre à la tête d'une faction, mais à ſe faire des amis; tous ſes concitoyens qui étaient indigens, vécurent, ſans rougir, de ſes bienfaits, excepté Epaminondas, qui fier de la pauvreté vertueuſe qu'il avait reçue en héritage de ſes pères, ne voulut point s'en défaire, ſatisfait d'en adoucir le poids avec de la philoſophie. Cette pauvreté ſans faſte, compagne inſéparable de la grandeur d'ame, put faire naître, ſans doute, le sentiment de la pitié dans la multitude, mais elle excita l'envie de Pélopidas.

Pélopidas, déja uni par l'estime à Epaminondas, se lia avec lui de l'amitié la plus tendre, à une bataille où celui-ci lui sauva la vie; l'aîle où ces deux héros combattaient, fut rompue au premier choc; alors ils joignirent leurs boucliers, se serrèrent ensemble, &, soutenant seuls l'honneur de leur patrie, ils se firent un rempart des corps qui tombaient sous leurs coups. On n'était plus au tems du siége de Troye, où un Achille faisait fuir la moitié d'une armée. Pélopidas, malgré sa bravoure, tomba, percé de sept coups d'épée sur un monceau de cadavres. Epaminondas, à l'instant, s'élance devant lui, pour empêcher que l'ennemi ne le dépouille de ses armes; mais atteint lui-même d'un coup de pique dans l'estomach, & le bras percé d'une flèche, il allait succomber, quand le Roi de Sparte, Agésipolis, vint, de l'autre aîle, au secours des deux héros, & les ſauva contre toute eſpérance.

L'amitié d'Epaminondas & de Pélopidas, fut, de ce moment, un modèle pour la Grèce entière; on la citait avec un enthouſiaſme religieux, comme celle de Pylade & d'Oreſte, & quoiqu'ils euſſent toujours été enſemble dans les Magiſtratures, ou à la tête des armées, la rivalité qui tue les amitiés vulgaires, ne fit que donner plus de reſſort à celle de ces grands hommes.

La vie d'Epaminondas, par Plutarque, s'eſt perdue; mais le bonheur qu'il eut d'avoir le plus illuſtre citoyen de Thèbes pour ami, fait que cette vie précieuſe ſe retrouve preſque toute entière dans celle d'un ſecond lui-même. L'Hiſtorien de Pélopidas, nous montre dans tout ſon jour, Epaminondas homme privé. Pour Epaminondas homme d'Etat, ſon hiſtoire eſt celle de ſa République.

Epaminondas, né vers l'an 1192 de l'Ere de Paros, deſcendait, dit-on, d'un des compagnons de Cadmus ; ainſi l'origine de ſa maiſon ſe confondait avec celle de ſa patrie. La pauvreté de ſon père, ne l'empêcha pas de lui donner une éducation brillante. On nous a tranſmis les noms de ſon maître de lyre & de ſon maître à danſer, ce qui importe aſſez peu à la poſtérité ; pour ſon maître de philoſophie, il a un nom qui tient à l'hiſtoire de l'eſprit humain ; c'eſt Lyſis, un des élèves de Pythagore, qui réuniſſait les lumières du Philoſophe de Samos, à l'ame de Socrate.

Epaminondas tira du commerce de Lyſis, une douceur de mœurs qui fit, dans la ſuite, la baſe de ſon caractère ; ce grand homme, quoiqu'apprivoiſé, par patriotiſme, avec le ſpectacle affreux des combats, n'aimait point le ſang ; il ſe défiait de la plus juſte des cauſes, quand elle était obligée de le répandre ; auſſi n'entra-t-il d'abord qu'indirectement dans la conſpiration de Pélopidas, non qu'il ne brûlât de voir Thèbes libre, mais parce qu'il croyait que la révolution ne pouvait s'opérer ſans des maſſacres, dont l'homme ſenſible aurait à gémir, lors même que l'homme d'Etat pourrait en tirer gloire.

L'honneur d'avoir délivré la patrie du joug de ſes tyrans, appartient donc au ſeul Pélopidas, & la République, créée par ce héros, n'oublia jamais un pareil ſervice. On obſerve que tant qu'il vécut, il fut à la tête des armées, ou dans les premières Magiſtratures ; la politique, dans Thèbes, n'avait point raiſonné l'ingratitude, comme dans Athènes, & les citoyens pouvaient y devenir de grands hommes, ſans craindre l'oſtraciſme.

Pélopidas eut à ſoutenir, ſur les champs de bataille, la gloire dont il s'était couvert la nuit de la révolution, & il le fit de la manière la plus brillante; il vainquit les Lacédémoniens à Platée, à Theſpies, & ſur-tout à Tanagre, où le Général ennemi fut tué de ſa propre main.

Tous ces combats n'étaient, à la vérité,

ni importants ni décisifs, mais ils apprenaient toujours à l'orgueilleuse Sparte, qu'en tyrannisant la Grèce, elle cessait d'être invincible.

La bataille de Tégyre, mit un peu plus de poids dans la balance politique. Les Thébains qui se croyaient encore éloignés des Lacédémoniens, les rencontrèrent à peu de distance des défilés de la Locride. Ces derniers étaient très-supérieurs en nombre, & à la vue d'un danger aussi éminent, un soldat effrayé vint, en courant de toute sa force, dire à Pélopidas, *nous voilà tombés entre les mains des ennemis*. Le héros, sans se déconcerter, lui répondit en souriant, *dis plutôt que l'ennemi est tombé entre les nôtres*; ce mot seul encouragea les Thébains, & fut, pour eux, un gage de la victoire.

Le combat commença par la cavalerie; la mêlée fut terrible; on fit, de part & d'autre, des prodiges de valeur, & les Spartiates ne commencèrent à céder, que quand ils virent leurs deux Polémarques, Théopompe & Gorgoléon, étendus morts sur le champ de bataille. Ce fut l'infanterie Thébaine, composée uniquement de trois cents hommes, mais égaux en valeur aux trois cents héros des Thermopyles, qui décida la victoire; quand l'armée Lacédémonienne se vit sans chef, elle s'ouvrit, pour donner passage aux Thébains; mais Pélopidas, dédaignant de faire une retraite, même glorieuse, quand il pouvait vaincre, au lieu de faire marcher ses soldats au milieu des rangs entr'ouverts, les conduisit contre ceux des ennemis qui étaient encore en bataille, & en fit un grand carnage.

Cette journée mémorable de Tégyre, fut la première qui apprit à la Grèce, que ce n'est pas l'Eurotas qui fait l'homme belliqueux; elle vit que la valeur se trouvait par-tout, où des hommes libres étaient conduits par des chefs qui aimaient la gloire. En effet, jusqu'à ce moment, il n'était jamais arrivé que des Spartiates eussent été battus, même à forces égales; Tégyre leur ôta toute leur renommée, & cette bataille annonça celle de Leuctres, qui devait leur ôter toute leur puissance.

Il importe de faire connaître ici, les trois cents héros de Thèbes qui se couvrirent de gloire à Tégyre; ils formaient ce qu'on appellait le bataillon sacré; c'était l'élite de l'infanterie; la République l'entretenait elle-même à ses frais, & en tems de paix, le mettait en garnison dans sa citadelle. Les Législateurs, pour le rendre invincible, avaient voulu qu'on n'y entrât que par couple d'amans. Ce mot ne doit point allarmer une imagination vertueuse; car nous avons prouvé que l'amour, parmi les jeunes gens du même sexe, ne désignait, dans la Grammaire Grecque, que l'enthousiasme de l'amitié, réuni à celui de la gloire. Les amans du bataillon sacré, avaient un double motif pour ne rien faire d'indigne de leur renommée; car ils combattaient à-la-fois sous les yeux de leur Général, & sous ceux du confident de leurs pensées ; souvent même le dernier motif suffisait pour exalter leur ame. Un de ces héros, porté à terre dans la mêlée, se retourne, & voit l'ennemi prêt à le percer par derrière. *Soldat*, lui dit-il, *voici mon sein ; c'est ici qu'il faut frapper. Sauve à ce que j'aime, l'affront de me voir périr sans gloire.*

Le bataillon sacré resta invincible jusqu'à ce qu'il fût anéanti. Ce désastre arriva au combat de Cheronée ; Philippe de Macédoine, qui vainquit dans cette fameuse journée, parcourant le lendemain le champ de bataille, vit les trois cents guerriers de Thèbes tous étendus les uns à côté des autres, & percés par-devant de longues javelines. Ce spectacle le remplit d'admiration, & comme de vils Courtisans qui l'entouraient, osaient envenimer le mot d'amans qui servaient à les désigner, *périssent*, dit-il, *ceux qui osent soupçonner que de si braves gens ayent jamais pu manquer à la vertu !*

Après la bataille de Tégyre, la vie de Pélopidas & d'Epaminondas, fait plus que jamais partie de l'histoire de leur République.

BATAILLE DE LEUCTRES.

SPARTE humiliée ſongea à réparer ſon ignominie ; elle fit partir une armée de vingt-quatre mille hommes, ſous les ordres de ſon Roi Cléombrote, afin de renverſer Thèbes de fond en comble. Thèbes n'en avait que ſix mille à lui oppoſer ; mais une partie de ces guerriers avait vaincu à Tégyre, Epaminondas était leur Général, & le bataillon ſacré marchait ſous la conduite de Pélopidas. Cependant la terreur s'était emparée de la ville ; les Prêtres faiſaient parler des Dieux faibles ou irrités, & on n'annonçait, partout, que des préſages ſiniſtres. Epaminondas, que la philoſophie avait aggueri contre les terreurs de la ſuperſtition, était obligé d'avoir ſans ceſſe à la bouche, ce beau mot d'Homère, qu'*il n'y a point de préſage ſiniſtre, quand on combat pour la patrie*. A la fin, ce grand homme donna ſon ame à ſes concitoyens, & l'effroi de la Nation diſparut.

Pélopidas, de ſon côté, avait eu auſſi à combattre les terreurs de ſa famille, & ſon courage héroïque ne l'avait raſſurée qu'à demi. Le jour qu'il ſortit de Thèbes pour ſe rendre à l'armée, ſa femme l'accompagnait vers les remparts, fondant en larmes, & le conjurant de ſe conſerver. *Oui*, dit-il, *voilà ce qu'il faut recommander à la jeuneſſe qui ſert; pour l'homme mûr qui commande, il ne faut lui recommander que de conſerver les autres.*

On eſt fâché, après ce mot mémorable, de voir des rêves ſuperſtitieux à Pélopidas. Voici le fait, tel que Plutarque nous l'a tranſmis. Le bataillon ſacré était arrivé dans la plaine de Leuctres; il y trouva le tombeau des filles de Scédaſe, qui, ſuivant une ancienne tradition, ayant été violées par des Spartiates, à qui elles avaient donné l'hoſpitalité, s'étaient donné la mort, pour ne point ſurvivre à leur ignominie. Comme l'imagination de Pélopidas travailla long-tems sur cet évènement funeste, la nuit les mêmes objets se retraçant dans son cerveau, il crut voir le père de ces infortunées, qui, pour appaiser leurs mânes, lui ordonnait d'immoler une vierge sur leur tombe. Comme la victoire sur Lacédémone, devait, suivant la vision, être le prix de son obéissance, il eut la faiblesse d'en faire part aux Augures & aux Généraux, ce qui donna de l'importance à cette erreur religieuse.

Les Augures parlèrent la langue de leur état, citèrent le sacrifice d'Iphigénie, & voulurent qu'on ensanglantât la tombe des filles de Scédase. Les guerriers, dit le bon Plutarque, que je ne fais qu'analyser ici, mirent le cri de la douce humanité, en opposition avec la voix des Prêtres. » Le Ciel, à les croire, ne pou-» vait prendre plaisir à voir répandre un » sang innocent. En effet, ce ne sont pas » les Encelades & les Typhons qui rè-

» gnent sur le globe. Le seul impie est » l'homme cruel, qui fait abreuver les » Dieux du sang de ses adorateurs, & » s'il se trouvait quelque génie du mal, » dont la nature fût aussi perverse, il » faudrait abandonner son culte & ren- » verser ses autels «.

Au milieu du tumulte que faisait naître ce partage de sentimens, une génisse indomptée s'échappa tout-à-coup du haras où elle était renfermée, & traversa les rangs du bataillon sacré, qui faisait alors ses évolutions. Le Devin Théocrite, pour ne pas faire mentir tout-à-fait les Dieux du sang, dont il était l'interprête, s'approchant alors de Pélopidas, *voici votre victime*, s'écria-t-il, & à l'instant il saisit la génisse, & alla l'immoler sur le tombeau des filles de Scédase.

La bataille, entre Thèbes & Lacédémone, suivit de près le sacrifice; l'action commença par la cavalerie; comme celle d'Epaminondas était mieux montée & plus aguerrie, elle rompit sans peine celle de Cléombrote, qui, en se renversant sur son infanterie, commença à la mettre en désordre. Le Roi de Sparte ne perdit point la tête; afin de faire diversion, il détacha, de son centre de bataille, un corps nombreux, à qui il ordonna de prendre le vainqueur en flanc, & de l'envelopper. Cette manœuvre pouvait décider du sort de cette journée mémorable; heureusement Pélopidas s'en apperçut, & accourant à la tête de son bataillon sacré, il mit cette nouvelle division en déroute, avant qu'elle pût exécuter l'ordre de son Général. Cléombrote vit enfin, que le génie de Thèbes l'emportait sur celui de Lacédémone; alors, dédaignant de conserver une vie que sa défaite allait flétrir, il se jetta au milieu du bataillon sacré, & y périt couvert de blessures.

La mort de Cléombrote réveilla la valeur des Spartiates; honteux de voir le corps de leur Roi entre les mains de l'ennemi, ils firent des efforts incroyables pour le dégager, & ils y réussirent; animés par ce ſuccès, ils tentèrent enſuite de rétablir l'ordre du combat, mais la lâcheté des troupes auxiliaires, trahit leurs eſpérances. L'aîle gauche qu'elles compoſaient, preſque toute entière, voyant la phalange Lacédémonienne rompue, & le Roi tué, prit la fuite, & entraîna avec elle le reſte de l'armée. Quatre mille hommes reſtèrent ſur la place, du côté des vaincus, & ſeulement trois cents de celui des vainqueurs. Cette bataille, qui donna à Thèbes, pour quelque tems, l'empire que Lacédémone s'était arrogé ſur la Grèce, eſt de l'an 1211 de l'Ere de Paros, qui répond à la ſeconde année de la cent deuxième Olympiade.

EXPLOITS D'ÉPAMINONDAS ET DE PÉLOPIDAS.

LA PATRIE LES CITE DEVANT SES TRIBUNAUX.

LA victoire de Leuctres valut aux héros qui l'avaient remportée, le titre de Gouverneurs de la Béotie; ils profitèrent de la terreur qu'ils avaient inspiré au Péloponèse, pour détacher un grand nombre de peuples du joug de Lacédémone. Argos, l'Elide, l'Arcadie, entrèrent dans la confédération Thébaine, & de la réunion de tous ces nouveaux alliés, il se forma, peu-à-peu, une armée de soixante & dix mille hommes, avec laquelle Epaminondas & Pélopidas se firent les arbitres de la Grèce.

Les premiers exploits des héros de Thèbes, eurent, pour théâtre, la Laconie. Depuis six cents ans que les Doriens s'étaient établis dans ce beau pays, il n'avait jamais vu d'ennemi dans son sein. L'armée Thébaine, trouvant une terre vierge, la parcourut la flamme à la main, & la pilla impunément jusqu'à la rivière de l'Eurotas, qui sert de murailles à Lacédémone.

Nous avons deja vu, dans la vie d'Agésilas, toute l'histoire de cette fameuse invasion des Thébains (*a*). Epaminondas aurait vivement desiré d'entrer en vainqueur dans Sparte, & d'y ériger un trophée; mais il n'osa pas attirer, sur sa

---

(*a*) Voyez le commencement du tome VII de cet Ouvrage. Nous avions rassemblé quelques faits sur le siége de Sparte, que nous comptions placer ici, mais leur futilité ou leur peu de certitude nous empêche de les exposer. Tout bien pesé, nous n'ajouterons rien aux détails de ce siége, qu'on a déja lus dans la vie d'Agésilas.

patrie, toutes les forces des Puiſſances rivales, qui, jalouſes de ſes conquêtes, ne lui auraient jamais pardonné d'avoir, par la deſtruction de la République de Lycurgue, arraché un œil à la Grèce.

Epaminondas quitta la Laconie, content d'avoir humilié l'orgueil de Sparte, & il le diſait d'une manière qui peint toute la gaité de ſon caractère : on ſait que les Lacédémoniens, perſuadés que la pompe des mots ne déſigne, d'ordinaire, que la ſtérilité du génie, s'étaient faits une éloquence à eux, qui ne conſiſtait que dans la préciſion & dans l'énergie; c'eſt d'après ce caractère national, qu'une Spartiate, miſe à l'encan, & interrogée par ſon maître ſur ce qu'elle ſavait faire, ne répondit que ce mot, *être libre.* Nous verrons, dans la vie de Philippe de Macédoine, ce Prince écrire aux Ephores, *ſi j'entre en Laconie, j'y mettrai tout à feu & à ſang*, & les Ephores, écrire au bas de la lettre, qu'ils renvoyaient *Si.* Lorſqu'Epaminondas rentra dans Thèbes, vainqueur de Lacédémone, voyant ses Ambassadeurs, confus & humiliés, se répandre en vagues discours, *enfin*, dit-il plaisamment à un de ses amis, *j'ai forcé Sparte à allonger ses monosyllabes.*

Cette gaité d'Epaminondas, lui faisait d'autant plus d'honneur, qu'il se trouvait dans un danger éminent, pour avoir désobéi à sa République. La place de Gouverneur de la Béotie, dont on l'avait revêtu, ainsi que Pélopidas, était une Magistrature annuelle, & il y avait peine de mort prononcée, contre le citoyen qui osait la retenir au delà du terme prescrit par la loi. Les deux héros de Thèbes, qui étaient entrés dans la Laconie au solstice d'hyver, c'est-à-dire à la fin du dernier mois de l'année, voyant le succès de leurs armes, voulurent continuer le cours de leurs conquêtes; ils pensaient que l'intérêt de la patrie, devait les autoriser à mettre un moment un voile sur la loi, &, sous ce prétexte, ils se prorogèrent quatre mois de plus, dans le commandement des armées.

Personne n'a le droit de se mettre au-dessus de la loi, même quand il s'agit de l'intérêt public, parce qu'alors on se constitue juge entre soi & sa patrie, ce qui est le renversement du pacte social. Rome, en pareil cas, couronnait ses Généraux vainqueurs, & les mettait à mort. Thèbes, d'après ces principes austères, mais justes, fit le procès aux conquérans de la Laconie, & peu s'en fallut, qu'après les avoir couronnés de lauriers, elle ne les envoyât au supplice.

Pélopidas fut cité le premier devant les Magistrats. Ce guerrier, si fier dans les combats, perdit tout son courage, quand il se vit traîné en criminel au pied des tribunaux; son discours timide & rampant, annonça ses remords; cependant il fut renvoyé absous; c'est que les Sénateurs, quoique mal disposés, se souvinrent que si, la nuit célèbre de la révolution, ce fameux coupable n'avait égorgé leurs tyrans, ils ne feraient pas alors au nombre de fes Juges.

Epaminondas mit, dans fa défenfe, plus de grandeur d'ame & de fierté; au lieu de defcendre à la juftification, il parla de fes exploits; il raconta comment, dans les quatre mois qu'avait duré fa défobéiffance, il avait humilié la fierté de Lacédémone, porté la flamme autour de fes édifices, & ravi à fes Rois le fceptre du Péloponèfe; il termina fon difcours, en difant, que fi les Thébains voulaient lui laiffer, à lui feul, la gloire d'une pareille entreprife, il verrait, avec joie, fa tête tomber fur un échaffaut. Une audace auffi magnanime, tranfporta tous les Magiftrats. Ce grand homme obtint tous les fuffrages, & fortit du tribunal, où on l'avait conduit comme criminel d'Etat, auffi triomphant & couvert de gloire, qu'il avait coutume de fortir du champ de bataille.

AMBASSADE DE PÉLOPIDAS A LA COUR DE PERSE.

LA puiſſance de Thèbes, depuis la bataille de Leuctres & le ſiége de Sparte, commençait à allarmer toute la Grèce. On craignait qu'avec le génie d'Epaminondas & l'épée de Pélopidas, cette République n'en urſurpât la Monarchie; les Puiſſances rivales, ne croyant pas leur confédération aſſez forte pour rétablir l'équilibre, eurent la baſſeſſe de faire intervenir la Cour de Perſe dans leurs querelles; ainſi, Artaxerxe, comme garant de l'infâme traité d'Antalcidas, reçut, dans Suze, les Ambaſſadeurs de toutes les grandes villes du Péloponèſe.

Ce fut Pélopidas qui fut envoyé de Thèbes en Perſe, pour veiller aux intérêts de ſa patrie; ſa renommée l'y avait précédé. Son arrivé, dans Suze, fut une eſpèce de triomphe. *Le voilà*, diſaient les Satrapes, *ce héros terrible, qui a forcé Sparte à ſe renfermer entre l'Eurotas & le mont Taygète; Sparte, qui affectait l'empire des mers; Sparte, à qui Agéſilas avait promis la conquête de Suze & d'Ecbatane!*

Le Roi des Rois, quand il vit le héros de Thèbes, l'accueillit d'abord par vanité, mais dans la ſuite, enchanté de ſon commerce, il le fit par eſtime. En effet, dit Plutarque, l'éloquence de cet homme célèbre, était plus pleine que celle des Ambaſſadeurs d'Athènes, ſans être moins ſimple que celle des Ambaſſadeurs de Lacédémone. Son crédit, à la Cour d'Artaxerxe, le rendit bientôt l'arbitre ſuprême du traité. C'eſt d'après ſes inſinuations, qu'il fut ſtatué, 1°. que Meſsène ſerait affranchie du joug de Lacédémone; 2°. qu'Athènes retirerait, dans ſes ports, la flotte qu'elle avait envoyée, pour infeſter les côtes de la Béotie; 3°. que les Puiſſances de la nouvelle confédération, traiteraient en ennemies toutes les villes qui refuſeraient d'y accéder. Les conférences ſe terminèrent par une alliance ſolemnelle entre Thèbes & la Perſe, dont la deſtruction des deux Etats devait ſeule mettre des bornes à la durée. Tel fut le ſuccès de la négociation de Suze; la Grèce, conjurée envain contre les Thébains, s'y couvrit d'ignominie, & la baſſeſſe avec laquelle elle mendia la protection des barbares, ne ſervit qu'à augmenter encore la puiſſance des vainqueurs de Leuctres & du Péloponèſe.

Il était d'uſage, quand des Ambaſſadeurs prenaient congé du Roi des Rois, que ſa magnificence ſe déployât envers eux, par des préſens ſuperbes. Artaxerxe envoya à Pélopidas les dons qu'il croyait devoir flatter le plus sa vanité; mais ce grand homme qui, ne travaillant que pour sa patrie, n'attendait que d'elle sa récompense, les refusa; seulement, pour ne point révolter, par une hauteur apparente, le Prince qui l'avait accueilli, il choisit, parmi ces monumens du faste oriental, quelques bagatelles, qui pouvaient faire juger, dans la Grèce, du succès de sa négociation. Les autres Ambassadeurs, mirent moins de délicatesse dans leurs procédés; quoique leur politique eût échoué contre celle de Pélopidas, ils se firent combler de présens par les Barbares qui les avaient joués; &, de retour dans leur patrie, ils étalèrent, avec audace, devant leurs concitoyens, les monumens de leur ineptie & de leur bassesse.

Athènes, à cette époque, était une des Puissances du Péloponèse qui avait le moins dégénéré; aussi elle punit Timagoras, son Ambassadeur, de l'avoir si mal représentée en Asie. Le procès de cet homme avare & lâche, fut instruit avec solemnité; il fut prouvé, que non-seulement il avait mendié les présens d'Artaxerxe, mais que même, par une intelligence coupable avec Pélopidas, il avait trahi, en faveur de Thèbes, les intérêts de sa patrie. Ce dernier crime souleva tous les ordres de la République; le crédit du coupable, ni son opulence, ne purent le sauver, & il fut envoyé au supplice.

Fin du Tome VIII de l'Histoire de la Grèce.

TABLE DES CHAPITRES.

SUITE DE L'HISTOIRE DE LA GRECE.

Fin de la Table des Chapitres.

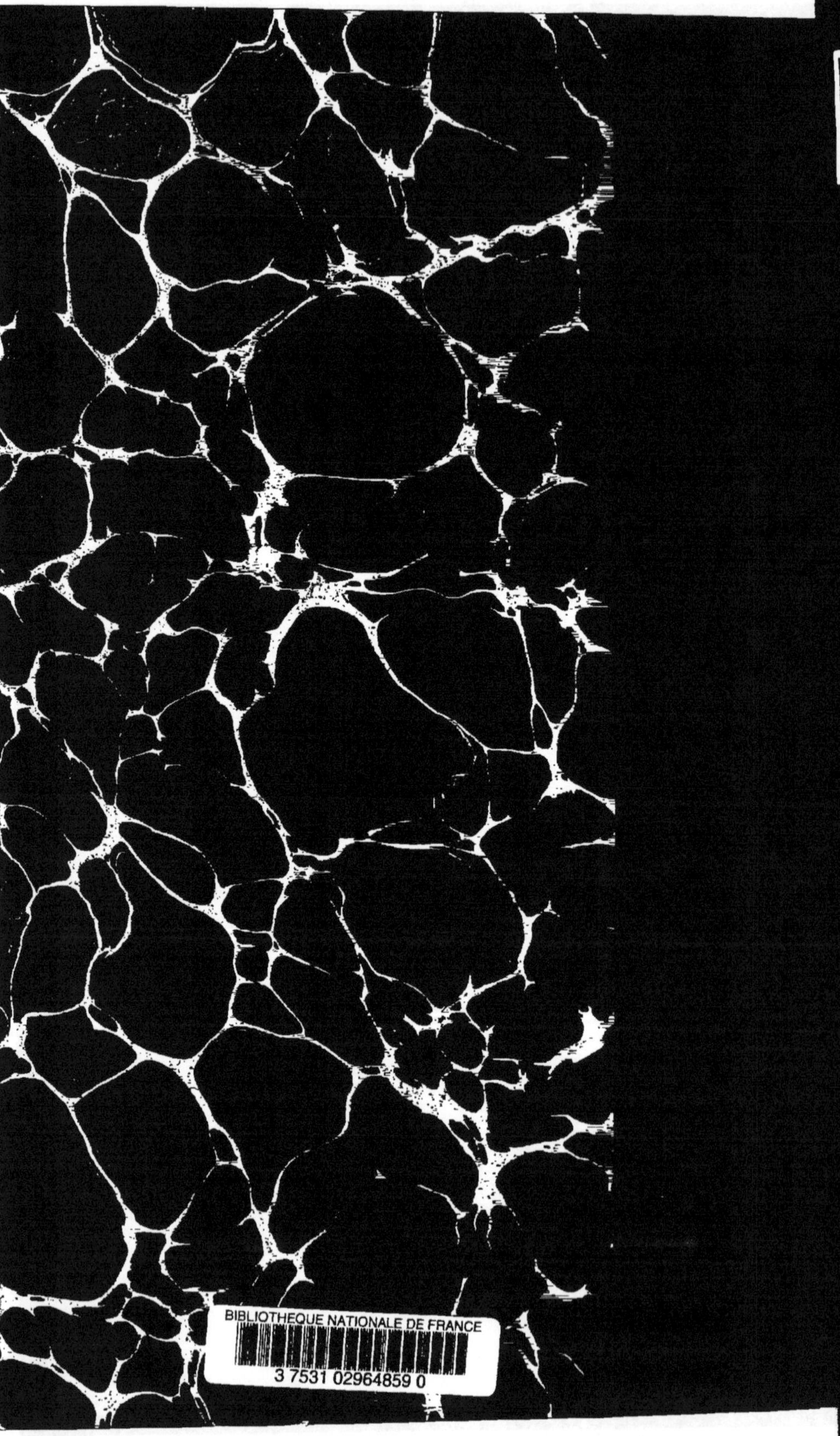

www.ingramcontent.com/pod-product-compliance
Ingram Content Group UK Ltd.
Pitfield, Milton Keynes, MK11 3LW, UK
UKHW020603230726
13926UKWH00005B/2160

9 782013 621564